Edith Stein – Von der Phänomenologie zur Mystik

DISPUTATIONES
THEOLOGICAE

Herausgegeben von Professor Dr. Hans Jorissen
und Professor Dr. Wilhelm Breuning

Band 17

Verlag Peter Lang
Frankfurt am Main · Bern · New York

Andrés Bejas

Edith Stein –
Von der
Phänomenologie
zur Mystik

Eine Biographie der Gnade

Verlag Peter Lang

Frankfurt am Main · Bern · New York

CIP-Kurztitelaufnahme der Deutschen Bibliothek

Bejas, Andrés:
Edith Stein – von der Phänomenologie zur Mystik :
e. Biographie d. Gnade / Andrés Bejas. – Frank=
furt am Main ; Bern ; New York : Lang, 1987.
(Disputationes theologicae ; Bd. 17)
ISBN 3-8204-9701-3
NE: GT

BX
4705
.S814
B42
1987

ISSN 0170-6896
ISBN 3-8204-9701-3
© Verlag Peter Lang GmbH, Frankfurt am Main 1987
Alle Rechte vorbehalten.

Druck und Bindung: Weihert-Druck GmbH, Darmstadt

"An den mystischen Erfahrungen kann kein Zweifel sein, auch nicht daran, daß jedem Mystiker in der Sprache, durch die er sich mitteilen möchte, das Wesentliche nicht sagbar wird. Der Mystiker versinkt im Umgreifenden. Was sagbar ist, tritt in die Subjekt-Objekt-Spaltung, und ein ins Unendliche vorandringendes Hellwerden im Bewußtsein erreicht nie die Fülle jenes Ursprungs. Reden können wir aber nur von dem, was gegenständliche Gestalt gewinnt. Das andere ist unmitteilbar. Daß es aber im Hintergrund jener philosophischen Gedanken steht, die wir die spekulativen nennen, macht deren Gehalt und Bedeutung aus".

Karl Jaspers

"Einführung in die Philosophie"

Meiner Rose!!!

VORWORT DES AUTORS

Jedes Buch sollte der schriftliche Ausdruck einer inneren, großartigen Begeisterung sein. Das vorliegende Buch ist aus einer großen Liebe entstanden, die im Bereich der Philosophie geboren wurde und die allmählich andere wissenschaftliche und persönliche Bereiche' für sich erobert hat. Philosophie, Theologie und Biographie sind ja Bausteine der Persönlichkeit Edith Steins, die man nicht voneinander lösen kann, und wenn man sich mit ihnen auseinandersetzt, spürt man fast die Notwendigkeit, sie ins eigene Leben zu integrieren. Dies ist jedoch ein Werdegang, den man nicht abschließen kann, solange man lebt.

Auf diesem Weg der Erfüllung des Lebens haben die Menschen zahlreiche Begleiter und Helfer, die ihnen mit Wort und Tat die Richtung zeigen und das Ziel vorleben. Ebenso spielt bei dem Werdegang eines Buches die Unterstützung liebender und geliebter Menschen eine wesentliche Rolle. Bei einigen von ihnen möchte ich mich nun ausdrücklich und ganz herzlich bedanken. Ohne die sorgfältige Betreuung von Prof. Wilhelm Breuning (Universität Bonn) wäre diese Arbeit nicht zustande gekommen. Ohne die gründliche Auseinandersetzung von Thomas Eggensperger O.P. und Sabine Bernhardine Spitzlei mit dem gedanklichen und sprachlichen Gehalt dieses Buches, wäre seine Vollendung nicht möglich gewesen. Ohne die ständige und liebevolle Unterstützung der Schwestern vom Karmel in Köln und der Dominikanerinnen von St. Magdalena in Speyer hätte diese Veröffentlichung das Licht der Welt nicht gesehen. Schließlich gilt mein Dank Sr. Teresia a Matre Dei OCD., die das Vorwort dieser Arbeit geschrieben hat.

Allen wünsche ich Gottes Segen und ein glückliches Leben.

P. Andres O.P.

INHALTSVERZEICHNIS

Edith Stein

Vorwort des Autors 9

Vorwort (Sr. Teresia a Matre Dei OCD. W. Herbstrith) . 15

Der Weg zur Phänomenologie 21

Die Erfahrung der Begegnung 31

    1.- Die Begegnung mit der Gnade 31

    2.- Die Begegnung mit dem Kreuz 34

    3.- Die Begegnung mit Teresia v. Avila 37

    4.- Die Begegnung mit Thomas v. Aquin 39

Die Stufe der Mystik 45

    - Einige Grundlagen der Stein'schen Mystik 45

        A.- Leib-Seele-Geist; Geist und Person 45

        B.- Mensch-Person als Abbild Gottes 47

        C.- Wahrheitsmitteilung u. Liebeshingabe 49

        D.- Person und Gnade 50

In der Schule des Karmels 55

- Teresia von Avilas 'Seelenburg' 55

    1.- Die Darstellung der hl. Teresia v. Jesus 59

        A.- Die erste Wohnung 62

        B.- Die zweite Wohnung 62

        C.- Die dritte Wohnung 63

        D.- Die vierte Wohnung 65

        E.- Die fünfte Wohnung 66

        F.- Die sechste Wohnung 68

        G.- Die siebte Wohnung 69

2.- Die Darstellung Edith Steins 72

Johannes vom Kreuz und die Wissenschaft des Kreuzes .. 77

- Prolegomena 77

- Kreuzeswissenschaft 83

I.- Auf der Suche nach den Quellen 83

II.- Die Kreuzeslehre 86

   A.- Das Kreuz und die Nacht 87

   B.- Die dunkle Nacht 88

      1.- Die dunkle Nacht der Sinne 92

      2.- Die dunkle Nacht des Geistes 93

         a.- Entblößung des Verstandes 94

         b.- Entblößung des Gedächtnis 97

         c.- Entblößung des Willens 98

      3.- Geist und Glauben 100

   C.- Die passive Nacht des Geistes 102

   D.- Einige Stein'sche Re-flexionen 105

      1.- Die Gedanken des Herzens 106

      2.- Die Aufgabe der Freiheit 106

      3.- Die Übereinstimmung von Johannes v.
         Kreuz und Teresia von Avila 108

      4.- Glaube und Beschauung 110

   E.- Die lebendige Liebesflamme 111

   .F.- Der 'Geistliche Gesang' 117

      1.- Das Brautsymbol als Liebessymbol 119

      2.- Brautsymbol und Kreuz 121

Die 'sequela crucis' 125

Schlußfolgerung 131

Anhang   I: Unveröffentlichte Werke 135

Anhang II: Edith Steins Lebensdaten 147

Anhang III: Edith Steins Bibliographie 149

VORWORT

Edith Stein ist eine der bedeutendsten Frauen unseres Jahrhunderts. Sie ist nicht nur Philosophin und Pädagogin,
nicht nur Pionierin eines Frauenbildes, das von Selbstbewußtsein und Eigenverantwortung getragen ist. Das Faszinierende an ihrer Persönlichkeit ist auch, daß sie als
geborene Jüdin, über eine Phase des Atheismus, wie er
vielen Intellektuellen eigen ist, den Weg zum Christentum
findet, ohne ihr Judesein oder ihre Intellektualität aufzu-
geben. Die Art, wie sie ihr Christsein begreift, liegt auf
der existentiell-mystischen Ebene. Sie lernt nicht zuerst
Kirche als dogmatische, rituelle Institution kennen. Sie
macht Erfahrungen mit Gott, 'unmittelbar' oder über Menschen, und diese Erfahrungen lösen in ihr den Wunsch
aus, die Kirche kennenzulernen und als Glied in ihr zu
leben.

Das Verdienst der vorliegenden Arbeit liegt darin, Edith
Steins Weg von der Phänomenologie zur Mystik als eine
'Biographie der Gnade' zu beschreiben. Der Verfasser,
Andrés Bejas, ist Angehöriger des Dominikanerordens in
Argentinien und zur Zeit schreibt er seine Promotion, auch
über Edith Stein, bei Prof. Dr. Albert Zimmerman im 'Tho-
mas-Institut' an der Universität zu Köln. In einer lebendigen Sprache gelingt es ihm, wesentliche Aspekte der Steinschen Philosophie und Mystagogie aufleuchten zu lassen.
Edith Stein wäre zu bescheiden gewesen, sich eine Mystago-
gin zu nennen, das heißt, sich als einen Menschen zu betrachten, der in das Mysterium Gottes einweisen kann.
Aber sie konnte nicht schweigen von dem, was sie betroffen
hatte, zuerst in ihrer Suche nach Wahrheit als Phänomeno-
login und Husserl-Interpretin, dann als Forscherin über
die Lehre des hl. Thomas von Aquin und schließlich als
Deuterin der mystischen Lehre des Karmel sowie des
Areopagiten.

In der ersten Phase ihrer philosophischen Tätigkeit von
1916-1935 (Abschluß ihres Werkes "Endliches und Ewiges
Sein") konnte sie mit Unterbrechungen einiges ausreifen
lassen. Durch die Lehrstuhlverweigerung für Frauen, sowie
ihre Konversion 1922, entstanden Phasen neuer Wegsuche,
von denen sie später als Dozentin in Münster schmerzlich
bekennt, daß manches in ihrer philosophisch-pädagogischen

Vita nicht organisch weiterwachsen konnte.

In Edith Steins phänomenologischen wie an Thomas orientierten Werken ist eine Unterströmung spürbar, die wir kontemplative, oder mystische nennen wollen. Dieser Unterströmung ist Andrés Bejas in seiner Analyse der Steinschen Werke nachgegangen. Dabei werden wir gewahr, daß es Edith Stein seit ihrer Dissertation über das Thema "Zum Problem der Einfühlung" um Wesen und Aufbau der Person geht. Roman Ingarden sagt von ihren Bemühungen: "Die Frage nach der Klärung der Möglichkeit der gegenseitigen Verständigung zwischen den Menschen hat sie am meisten bewegt, also die Frage nach der Möglichkeit der Schaffung einer menschlichen Gemeinschaft, welche nicht nur theoretisch, sondern auch für ihr Leben, in gewisser Weise für sie selbst, sehr nötig war'. 'Sie dachte, daß die 'Einfühlung' der Weg zur Klärung der theoretischen Grundlagen des Wissens, nicht nur vom Menschen, sondern auch von der Menschlichen Gemeinschaft sei".* Neben der reinen transzendentalen Phänomenologie Edmund Husserls ging es Edith Stein in Anlehnung an Dilthey, um eine Grundlegung der verstehenden Psychologie, wodurch sie sich in ihrer Forschung von Husserl unterschied, der sich erst in späteren Jahren der Steinschen Auffassung annäherte. Ingarden betont, Edith Stein habe in ihrer Dissertation ihre Auffassung über Leib und menschliche Seele unabhängig von Husserl gefunden. Erst als Edith Stein Husserls Manuskripte für den 2. Teil seiner "Ideen zu einer reinen Phänomenologie und phänomenologische Philosophie" als seine Assistentin ausarbeitete, entdeckte sie, daß ihre Ausführungen über dieses Thema denen Husserls nahe kamen. Der Begriff 'Einfühlung' bedeutet in phänomenologischer Hinsicht der Akt, der den Zugang zum menschlichen, geistigen Sein eröffnet. In ihrer Autobiographie "Aus dem Leben einer jüdischen Familie" sagt Edith Stein, es sei ihr wichtig gewesen, zu erkennen, "wie sich das Verstehen geistiger Zusammenhänge vom einfachen Wahrnehmen seelischer Zustände unter-

---

* Ingarden Roman: "Über die philosophischen Forschungen Edith Steins" Freiburger Zeitsch. für Phil. und Theol. 26. Band. 1979. Zitiert aus: Herbstrith. Waltraud: "Das wahre Gesicht Edith Steins" 5. Auflage. Kaffke, München. 1983. S.136-137.

scheidet". **

Auch in ihrem Werk "Endliches und Ewiges Sein" geht es
Edith Stein um die Klärung des Begriffes Person. In Anlehnung an Thomas, aber auch an Augustinus und Plato,
sucht sie ihn mit den Worten Analogie, Abbild-Urbild zu
bestimmen. Unter Person versteht Edith Stein den Träger
einer vernunftbegabten Natur. Menschliches Sein aber ist
leiblich-seelisch-geistiges Sein. Was aber ist Geist? Personsein impliziert Geistsein als Abbild Gottes, der seinsmäßig Geist ist. Die Fähigkeit der menschlichen Person,
über die anderen Lebewesen 'hinauszugehen', bedeutet
aber nicht, 'daß der Geist ein bezugsloses Prinzip der
menschlichen Person darstellt, sondern· vielmehr, daß er
die Sprungmöglichkeit der leib-seelischen Einheit zur Transzendenz' ist. In der Vereinigung des Menschen mit Gott
kommt Gott nicht von außen in die Seele hinein, weil er
immer schon als mitgeteiltes Sein in ihr anwesend ist. Der
Mensch aber verändert sich durch die Beziehung der Liebe
von Grund auf. Für die Auseinandersetzung über das, was
heute Mystik, Meditation, Beziehung zu Gott bedeutet, sind
die Analysen Andrés Bejas' weiterführend. Im Steinschen
Sinne wird die Seele nicht von 'außen' geleitet, sondern
von 'oben'. Dieses 'oben' ist eigentlich ein 'von innen'.
Andrés Bejas spricht von einem 'Jenseitigen' der Seele und
von einem 'Jenseitigen - Innseits' in der mystischen Erfahrung. Geist ist im Steinschen Sinne nicht nur eine Person, sondern auch eine 'Sphäre', die gewissermaßen Gott
entströmt.

Das Spätwerk Edith Steins, von 1935-42, ist leider bruch-
stückhaft. Edith Steins Alltagsverpflichtungen als Ordensfrau, ihre Flucht nach Holland nach der sogenannten
Reichskristallnacht 1938, sowie ihre plötzliche Verhaftung
und Deportation nach Auschwitz 1942, machen dies verständ-
lich. Andrés Bejas untersucht zunächst Edith Steins Arbeit
über die "Seelenburg Teresas von Avila". Zur gleichen Zeit
hatte Edith Stein eine Arbeit über Martin Heideggers "Sein
und Zeit" verfaßt. Beide Arbeiten waren als Anhang von
"Endliches und Ewiges Sein" gedacht, wurden aber erst
später im Sammelband "Welt und Person" (Edith Steins Werke. Band VI) veröffentlicht. Edith Stein versucht in der

---

** Edith Stein: "Aus dem Leben einer jüdischen Familie"
Herder. Louvain-Freiburg. 1965. Edith Steins Werke,
Band VII. S.279.

ersten Arbeit die sieben Wohnungen in Teresas mystischem Hauptwerk zu deuten. Wieder geht es ihr um den Begriff der Person. Sie unterscheidet sich von Teresas Definition, das Gebet sei der einzige Schlüssel zum Betreten der Seele. Nach ihr gibt es auch andere Wege, der Seele einen Sinn zu geben. Auch ohne die "Pforte des Gebetes" kann der Mensch in sein Inneres gelangen. Edith Stein lehnt die wissenschaftliche Analyse der Seele nicht ab, wendet sich aber gegen einen Rationalismus, der über das Geheimnis des Menschen und Gottes verfügen will. Im Gegensatz zu Teresa sieht sie keinen Widerspruch zwischen Natur und Gnade. Das 'von oben' wird zu einem 'von innen'. Die Anregungen, die den Menschen zur Einkehr bei sich selbst bewegen und auf den Weg zu Gott bringen, sind als eine Wirkung der Gnade anzusehen, auch wenn dabei natürliche Ereignisse und Beweggründe als Werkzeug benützt werden.

P. Andrés Bejas beschließt seine Arbeit mit der Untersuchung der letzten Schriften Edith Steins: "Wege der Gotteserkenntnis – Dionysius der Areopagit und seine symbolische Theologie" sowie "Kreuzeswissenschaft. Studie über Johannes vom Kreuz". Der Syrer Dionysius wurde 'Vater der Mystik" genannt. Seine Lehre von den zwei Weisen, sich Gott zu nähern: in der negativen und positiven Theologie, haben das Abendland stark geprägt. Selbst Thomas von Aquin sagt, wir können Gott mehr begreifen durch das, was er nicht ist als durch alles, was wir über ihn aussagen können. Auch Johannes ist ohne Dionysius nicht zu verstehen. Für Dionysius ist jede Theologie mystisch. Theologie ist nicht systematische Lehre, sondern Betroffensein von Gottes Wort. Der Theologe weiß nicht etwas über Gottes Wirken in der Schöpfung, er spricht von dem, was er in geheimnisvoller Weise von Gottes Nähe erfahren hat. Das höchste Stadium der Vereinigung des Menschen mit Gott ist für Dionysius von Sprachlosigkeit gekennzeichnet. Gott ist im Letzten unerkennbar, Kontemplation geschieht im Dunkel der Unaussprechlichkeit. Nur die 'theologia negativa' kann das Geheimnis Gottes erreichen. Gott erschließt sich in Christus als der Ur-Theologe. Die 'theologia positiva' arbeitet mit symbolischen Übertragungen. Aus den Bildern und Dingen wird geschlossen, wie Gott ist. Alles, was zum Reich Gottes gehört, auch in der Schöpfung, ist 'göttlich'. Auf dem Gipfel der Vereinigung mit Gott fallen beide Wege zusammen.

Die Lehre des Dionysius war für Edith Stein der Verständnishorizont für die Wissenschaft vom Kreuz bei Johannes.

18

Kreuzeswissenschaft ist für Edith Stein nicht nur Wissen vom Kreuz, sondern wirkliche, wirksame Wahrheit, konkreter Lebensvollzug. Die Annahme dieser "widersprüchlichen Wissenschaft" kann jeden Glaubenden in progressiver Vereinigung zum Mystiker machen. Der größte Schmerz in dieser Vereinigung ist die 'Selbstentziehung' Gottes. 'Gott ist einfach nicht mehr da, um mit den Sinnen wahrgenommen zu werden'. Mystiker sein, heißt nach Edith Stein, 'in der Existenzweise der Liebe die eigene Existenz verzehren'. Gleich Johannes geht es ihr um die "Sequela Christi", wo Leben und Werk eine Einheit bilden.

Schwierig für den heutigen Leser sind die Begriffe der scholastischen Psychologie bei Johannes, die er zur Deutung seiner mystischen Erfahrung verwendet. Edith Stein steht uns näher. Als Frau und Mystikerin unserer Zeit über-setzt sie überkommene mystische Deutungsmuster wie 'aufsteigen', 'oben', 'Höhe'. Für das Bild des mystischen Aufstiegs gebraucht sie zum Beispiel die Umschreibung "ein immer tieferes Hineingezogen werden". Nur diese Untersuchung würde eine eigene Arbeit erfordern. Die Identifikation des liebenden Menschen mit Christus dem Gekreuzigten und Auferstandenen hebt die Subjekt-Objekt-Spaltung auf. Die Biographie eines Menschen als ein geschichtliches und wissendes Wesen wird vertieft durch die "Biographie der Gnade". Dabei ist Pluralität in der Erfahrung möglich. Teresia von Avila unterscheidet sich in der Gnadenlehre von Johannes vom Kreuz. Therese von Lisieux, Elisabeth von Dijon und Edith Stein haben jeweils ihre eigenständige mystische Erfahrung, die nicht ohne Beziehung zu den anderen Wegen ist, aber gerade in ihrer Differenziertheit zur Fülle des Ganzen beiträgt. Die lebendige Unterströmung der geheimnisvollen Führung Gottes macht den Menschen über alles Wissen und Leisten hinaus erst zu dem, der er ganz sein kann: ein Liebender, der ohne Verdienst vom Erbarmen ewiger Liebe angezogen und verwandelt wird. Darin ist die Philosophin und Karmelitin Edith Stein eine 'Ruferin in der Wüste' unserer weithin von Macht und verantwortungslos angewandtem Wissen verwalteten Welt.

Ich danke P. Andrés Bejas für seine Ergänzungen zu unserer in Tübingen erstellten Edith-Stein-Bibliographie. Ich möchte wünschen, daß durch seine Edith-Stein-Forschung und durch den von ihm gegründeten Edith-Stein-Kreis in Argentinien viele Menschen auf Werk und Gestalt Edith Steins aufmerksam werden.

Edith-Stein-Karmel. Tübingen   21. April 1985
Waltraud Herbstrith   Profeßtag Edith Steins

DER WEG ZUR PHÄNOMENOLOGIE

"Wer die Wahrheit sucht,
der sucht Gott, ob es ihm
klar ist oder nicht".(1)

Wenn Gott die Wahrheit ist, kann der Weg zur Wahrheit nichts anderes als der Weg zu Gott sein, und das Streben nach der Wahrheit nichts anderes als das Streben nach Gott werden. Gott ist in der Wahrheit verführerisch. Die Wahrheit selbst steht aber nicht da und dort nur als Gegenstand unserer Erkenntnis, sie ist vielmehr dynamischer Inhalt unseres Lebens. Man sagt manchmal, Edith Stein habe die Wahrheit gesucht und gefunden. Ich sage lieber, Edith Stein hat die Wahrheit gelebt. Die Wahrheit war einfach "das Prinzip" ihres Lebens.

Die vielfältige Äußerung der Wahrheit ist unbestritten und Edith Stein hat diese Vielfältigkeit als einen vertiefenden Vorgang erlebt. Schon in der Kindheit ist sie dem Gott des Bundes begegnet, dem Gott Abrahams, dem Gott Isaaks, dem Gott Jakobs, dem Gott ihrer Vorfahren, dem Gott ihrer Familie, dem Gott ihrer Mutter(2). Dieser Gott ist ihr aber

----

1   Vgl. Edith Steins Werke (E.S.W.). Band IX, S.102. Brief 259.

2   Edith Stein war zweifellos in eine jüdische Tradition eingebunden, man sollte aber daraus keine falschen Schlüsse ziehen, wie einige ihrer Biographen es versucht haben. "Edith Stein behauptete z.B. nie, daß ihr Elternhaus streng orthodox war ... Es käme der Wahrheit näher, hier zu bemerken, daß Ediths Mutter selbst eine fromme und gläubige Judin war, daß sie aber wenig dazu beigetragen hatte, ihre Kinder zu ähnlicher Befolgung der traditionellen Vorschriften anzuhalten." Susanne Batzdorff-Biberstein: "Erinnerung an meine Tante Edith Stein" in: "Edith Stein. Ein neues Lebensbild in Zeugnissen und Selbstzeugnissen". Hrg. und eingeleitet von Waltraud Herbstrith. Freiburg. 1983. S.73-74.

in ihren Jugendjahren fremd geworden. Der Glaube der Kindheit verlor seine Bedeutung, und sie tritt in eine Jugend ohne Gott, die aber keine gottlose Jugend war(3). Sie deutet oft an, daß ihr Ausweg aus der jüdischen Frömmigkeit in den Atheismus und später in die Suche nach der philosophischen Wahrheit nichts anderes war als ein einziges und ständiges Gebet. Diese Sehnsucht nach der natürlichen und übernatürlichen Wahrheit wird damit nicht nur Inhalt ihrer Forschung, sondern, und vor allem, Sinn ihrer Existenz und ihrer Geschichte.

Wenn wir die Schritte verfolgen, die Edith Stein zu ihrer Jugend führen, finden wir dabei verschiedene Elemente, die ihr ganzes Leben geprägt haben. Elemente, die in ihrer Reife wieder auftauchen, die jedoch mit ihrer Persönlichkeit herangewachsen sind bzw. parallel mit ihren inneren Überzeugungen stark verändert wurden.

Eine helle Intelligenz und eine tiefe kritische Haltung kennzeichnen ihr Studium an der Breslauer Universität, wo sie Germanistik und Geschichte studieren will; ihr eigentliches Interesse und ihre hauptsächliche Beschäftigung war aber die Psychologie(4). Dieses Interesse dauerte allerdings nur solange an, bis sie die Schwäche der Methode

----

3   "Was nicht in meinem Plan lag, das hat in Gottes Plan gelegen. Lebendiger wird in mir die Glaubensüberzeugung, daß es – von Gott her gesehen – keinen Zufall gibt, daß mein ganzes Leben bis in alle Einzelheiten im Plan der göttlichen Vorsehung vorgezeichnet und vor Gottes allsehendem Auge ein vollendeter Sinnzusammenhang ist". Edith Stein: "Endliches und Ewiges Sein". Louvain. 1950. Edith Steins Werke (E.S.W.) Bd. II. S.109-110.

4   "... dazu kam das, worauf ich am meisten gespannt war: eine vierstündige Einführung in die Psychologie ... Das Psychologie-Kolleg war das erste, das ich überhaupt hörte. Das mochte ein Vorzeichen sein, denn ich habe mich in den vier Semestern, die ich in Breslau studierte, wohl am meisten mit Psychologie beschäftigt". Edith Stein: "Aus dem Leben einer jüdischen Familie. Kindheit und Jugend" Louvain. 1965. Edith Steins Werke (E.S.W.) Bd. VII. S.121.

und Grundlage der damals sich entwickelnden Psychologie erkannt hatte(5). Die vier Semester an der Breslauer Universität bilden die Brücke von der Psychologie zur Philosophie. In dieser Zeit ist sie mit einem der Größten der philosophischen Geisteswelt in intellektuelle Berührung gekommen. Edmund Husserl, der Begründer der "Phänomenologie", und seine "Logische Untersuchungen"(6) begeisterten sie sehr, vor allem, weil sein Denken "ganz in einer Klärungsarbeit bestand und weil man sich hier das gedankliche Rüstzeug, das man brauchte, von Anfang an selbst schmiedete"(7). Die Enttäuschung der "seelenlosen Psychologie" war plötzlich von der wissenschaftlichen Strenge des ehemaligen Mathematikers bedeckt. Nur noch ein Schritt war notwendig, um diese philosophische Methode nachzuvollziehen; nach Göttingen umzuziehen, um dort mit dem 'Meister' selbst weiter zu studieren. Sie war damals 21 Jahre alt.

Der Weg zur Phänomenologie war zwar nicht mit dem Umzug vollzogen, dies war aber entscheidend für den zukünftigen

----

5   "Mein ganzes Psychologiestudium hatte mich ja nur zu der Einsicht geführt, daß diese Wissenschaft noch in den Kinderschuhen stecke, daß es ihr noch an dem notwendigen Fundament geklärter Grundbegriffe fehle, und daß sie selbst nicht imstande sei, sich diese Grundbegriffe zu erarbeiten". Edith Stein: "Mein erstes Göttinger Semester". Nürnberger Liebhaber-Ausgaben. Bd. XXXV. Nürnberg. 1979. S.10. Dieses kleine biographische 'opusculum' wurde zum ersten Mal in: Teresia Renata de Spiritu Sancto: "Edith Stein. Eine große Frau unseres Jahrhunderts", Nürnberg. 1954 herausgegeben.

6   Husserl, Edmund: "Logische Untersuchungen" Erster Band: "Prolegomena zur reinen Logik". Husserliana Bd. XVIII. Den Haag. 1975. Zweiter Band: "Untersuchungen zur Phänomenologie und Theorie der Erkenntnis" Husserliana Bd. XIX, 1; 2. Teil: Husserliana Bd. XIX, 2.

7   Vgl. Edith Stein: "Mein erstes Göttinger Semester"... S.10.

Lebenslauf Edith Steins(8). Die Phänomenologie und ihre
Vertreter waren die Hauptgründe, die sie nach Göttingen
geführt hatten, und sie fing sofort an, sich in diese neue
philosophische Welt einzuleben(9). Es stellte für sie keine
Schwierigkeit dar, Kontakt mit der "Göttinger Schule" aufzunehmen, und selbst ihre erste Begegnung mit Husserl kann
als erfolgreich bezeichnet werden(10). Zu dieser Zeit erschien das neue große Werk Husserls: "Ideen zu einer reinen Phänomenologie und phänomenologischen Philosophie"
(11). Dies stellte den Anfang einer tiefen Wende in Husserls Gedanken dar. Die "Logischen Untersuchungen" waren
eine klare Abkehr vom kantischen und neukantischen kritischen Idealismus. Man konnte so etwas wie eine neue
Scholastik spüren, wo die Realität bestimmenden Charakter
über die Vernunft hatte. Die "Ideen" dagegen enthielten
einige Elemente, die eine neue Wende zum Idealismus andeuteten. Husserl hatte das "transzendentalen Idealismus"
genannt und es beinhaltete den Kern seiner neuen Art des
Philosophierens.

----

8   Vgl. Teresia a Matre Dei: "Edith Stein. En busca de
    Dios". Ed. Verbo Divino. Estella. Navarra. 1980. S.37
    Anm. 5.

9   Vgl. Edith Stein: "Mein erstes Göttinger Semester"...
    IV Kap. S.17.

10 "Nach der allgemeinen Besprechung rief er die Neuen
    einzeln zu sich heran. Als ich meinen Namen nannte,
    sagte er: 'Herr Doktor Reinach hat mir von Ihnen ge-
    sprochen. Haben Sie schon etwas von meinen Sachen
    gelesen?' - 'Die logischen Untersuchungen'. - 'Die gan-
    zen logischen Untersuchungen?' - 'Den zweiten Band
    ganz'. Den zweiten Band ganz? Nun, das ist eine Hel-
    dentat, sagte er lächelnd. Damit war ich aufgenommen"
    Edith Stein: "Mein erstes Göttinger Semester"... S.18.

11 Husserl, Edmund: "Ideen zu einer reinen Phänomenolo-
    gie und phänomenologischen Philosophie" Erstes Buch.
    Haag. 1950. Husserliana Band III, 1, 2; "Ideen II".
    Zweites Buch. Haag. 1952. Husserliana Band IV.

Die oben genannte Wende hatte Husserl einigen seiner Schüler entfremdet, denjenigen, die dem 'Meister' auf diesen Weg nicht mehr folgen konnten; Edith Stein blieb damals jedoch ihrem 'Meister' treu. Zeugnis dafür ist die persönlich-philosophische Auseinandersetzung, die Edith Stein als Mitglied der Göttinger "Philosophischen Gesellschaft" miterlebte. Die Phänomenologen waren schon sehr stark von Scheler beeinflußt. Die wissenschaftliche Strenge Husserls war bei ihm nicht so sehr zu spüren; eher die fließende Genialität, die Aktualität der Fragen und die tief intellektuellen Anregungen, oftmals ziemlich unsystematisch, aber immerhin faszinierend verarbeitet. Edith Stein läßt sich aber nicht verführen. Sie wird nicht nur eine eifrige Empfängerin der phänomenologischen Methode, sondern auch eine engagierte Verteidigerin(12).

Man sollte nicht den Eindruck bekommen, daß Edith Stein sich in dieser Zeit nur mit Philosophie beschäftigt habe (13), es ist aber unbestritten, daß der Einfluß, den sie von Husserl und den Phänomenologen bekommen hatte, von entscheidender Bedeutung für ihr Studium und zukünftiges Leben war. Diese Monate waren für sie keine Episode, sondern vielmehr der Anfang eines neuen Lebensabschnittes. Sie hatte sich ganz in die Phänomenologie eingelebt; nun sei es ihr dringender Wunsch, weiter bei Husserl zu

----

12 Als Beispiel nur einen Hinweis auf die scharfe Kritik des Anspruches Schelers, selbst seine phänomenologische Methode gefunden zu haben: "Scheler betonte bei jeder Gelegenheit, daß er nicht Husserls Schüler sei... wie leicht Scheler aber Anregungen von anderen aufnahm, weiß jeder, der ihn gekannt oder auch nur seine Schriften aufmerksam gelesen hat. Es flogen ihm Ideen zu und arbeiteten in ihm weiter, ohne daß er selbst etwas von der Beeinflussung merkte". Edith Stein: "Mein erstes Göttinger Semester"... S.27; und "Die weltanschauliche Bedeutung der Phänomenologie" Edith Steins Werke Bd. VI. 'Welt und Person'. S.5.

13 "Ich war der Philosophie wegen nach Göttingen gekommen und wollte ihr hier den größten Teil meiner Zeit widmen. Da ich aber vorhatte, nur den einen Sommer zu bleiben, wollte ich ihn auch gern ausnützen, um andere Germanisten und Historiker als die Breslauer kennenzulernen." Edith Stein: "Mein erstes Göttinger Semester"... S.31.

arbeiten und zunächst bei ihm zu promovieren(14).

Am 3. August 1916 bestand Edith Stein glänzend ihr Doktor-
examen und wurde dementsprechend mit "Summa cum laude"
vom Dekan der Fakultät ausgezeichnet. Das geschah an der
Universität Freiburg, wo Husserl seit einiger Zeit seine
Lehrtätigkeit ausübte. In der Dissertation - "Zum Problem
der Einfühlung"(15) - untersuchte sie "in Anlehnung an
einige Andeutungen in Husserls Vorlesungen, den Akt der
Einfühlung als einen besonderen Akt der Erkenntnis. Von
da aus ging sie weiter zu etwas, das ihr persönlich am
Herzen lag und sie später immer wieder neu beschäftigte,
nämlich: "zum Aufbau der menschlichen Person"(16). Wer
die Dissertation liest, wird schnell verstehen können,
warum Husserl gerade sie als Assistentin haben wollte.
Die Gedankenwelt Edith Steins war zu der Zeit voll und
ganz vom phänomenologischen Denken erfüllt. Sie selbst
bestätigt diese Übereinstimmung ihrer Ideen mit denen von
Husserl in einem Brief an Herrn Kaufmann zwei Wochen
nach ihrer Prüfung(17). Der Wunsch Husserls, mit ihr als

----

14 Vgl. Edith Stein: "Mein erstes Göttinger Semester"...
    S.35.

15 Edith Stein: "Zum Problem der Einfühlung" Halle. 1917.
    Nachdruck mit einer Einführung von Johannes Baptist
    Lotz. München. Kaffke. 1980.

16 Vgl. Edith Stein: "Aus dem Leben einer jüdischen Fami-
    lie" Kap. X: 'Vom Rigorosum in Freiburg". Louvain-
    Freiburg. 1965. S.279.

17 "... und ich faßte mir ein Herz dazu, als er am näch-
    sten Tage eröffnete, er sei mit meiner Arbeit sehr zu-
    frieden und ein gutes Stück davon decke sich mit
    wessentlichen Bestandteilen aus dem 2. Teil der
    'Ideen'"* Brief an Fritz Kaufmann vom 16.8.1916. in:
    Edith Steins Werke Bd. VIII. Selbstbildnis in Briefen.
    Erster Teil. 1916-1934. S.11. /* Ideen zu einer reinen
    Phänomenologie und phänomenologischen Philosophie"
    Siehe Anm. 11.

Assistentin zu rechnen, konnte nicht mehr auf sich warten lassen(18).

Eineinhalb Jahre hatte die regelmäßige Assistententätigkeit Edith Steins bei Husserl gedauert; sie war aber fast von Anfang an von Mißverständnissen begleitet. In den Briefen Edith Steins des Jahres 1917 bis Anfang 1918 kann man ganz genau den Weg der Enttäuschung in der Mitarbeit mit Husserl verfolgen(19).

Der 'Meister', wie Husserl von ihr und anderen seiner Schüler genannt wurde, war keine einfache Persönlichkeit. "Die Zusammenarbeit mit dem 'lieben Meister' ist eine höchst komplizierte Geschichte" - sagt sie noch am Anfang - "d.h. das Bedenkliche liegt darin, daß es zu einer rechten Zusammenarbeit gar nicht kommen will. Er beschäftigt sich immer mit einzelnen Fragen... aber er ist nicht dazu zu bewegen, einmal die Ausarbeitung anzusehen die ich ihm mache... damit er den Überblick über das Ganze bekommt, den er verloren hat"(20). Obwohl sie ihn immer noch sehr schätzt, wiederholt Edith Stein immer wieder ihre Unzufriedenheit an der Arbeit mit Husserl. Sie meint, die Gedanken und die ganze Arbeit des guten Meisters dürfen keinesfalls verlorengehen, die praktische Arbeit wird aber langsam mühsam und fast unerträglich, u.a., weil Husserl keinen einzigen Blick auf diese Arbeit wirft.

----

18 In dem selben Brief: "Er (Husserl) war ganz glücklich in dem Gedanken, nun einen Menschen ganz zu seiner Verfügung zu haben, obwohl er offenbar noch keine klare Vorstellung hat, wie sich unsere gemeinsame Tätigkeit gestalten soll. Jedenfalls sind wir uns darüber einig, daß wir zuerst die Manuskripte der 'Ideen' vornehmen wollen".

19 Man findet alle diese Briefe in: "Edith Stein: Selbstbildnis in Briefen" Erster Teil. 1916-1934. Edith Steins Werke. Band VIII. Druten-Freiburg 1976. S.12 ff.

20 Brief an Herrn Kaufmann vom 12.1.1917. E.S.W. Band VIII. S.14.

Die erste Lösung der treuen Schülerin ist, die Arbeit allein und selbständig fortzusetzen(21). Sie hatte sich entschlossen, die Sache mit oder ohne ihn und gleichgültig, wie lange es dauern mag, in eine allgemein zugängliche Form zu bringen(22). Ein Jahr lang dauerte ihr Entschluß aber dann kann sie diesen Zustand nicht mehr ertragen. Sie widmete alle ihre intellektuellen Kräfte dem Meister und seinem Werk; sie versuchte alle die Manuskripte in Ordnung zu bringen, alles ohne daß das geringste Interesse bei Husserl geweckt wird(23).

1918 schreibt sie dem Herrn Ingarden: "Ich kann mich in den Dienst einer Sache stellen und ich kann einem Menschen allerhand zu Liebe tun, aber im Dienst eines Menschen stehen, kurz gesagt, gehorchen, das kann ich nicht. Und wenn Husserl sich nicht wieder daran gewöhnt, mich als Mitarbeiterin an der Sache zu behandeln, wie ich unser Verhältnis immer angesehen habe – und er in der Theorie auch – so werden wir uns eben trennen müssen"(24). Die Bestätigung dieser Vermutung kommt kaum einige Tage

----

21 Brief an Roman Ingarden vom 18.1.1917. E.S.W. Band VIII. S.15: "Für mich ist das sehr schmerzlich, denn die Sachen sind sehr kompliziert und das Material, das mir vorliegt, ist höchst unvollständig. Ich arbeite aber jetzt ziemlich selbständig, und das ist ja recht erfreulich, aber etwas Gedankenaustausch wäre dabei sehr ersprießlich".

22 Vgl. Brief an Herrn Kaufmann vom 12.1.1917. E.S.W. Band VIII. S.15.

23 Der P. Fr. Romaeus Leuven OCD., Mitherausgeber der Werke Edith Steins und Verfasser des 2. Teils ihrer Biographie: Heil im Unheil – Das Leben Edith Stein – Reifen und Vollendung, Druten-Freiburg 1983 (E.S.W. Band X.) zählt allein für die 'Ideen II' 9669 von Edith Stein bearbeitete Folioblätter.

24 Brief an Roman Ingarden vom 9.2.1918. E.S.W. Band VIII. S.31.

später, als sie Husserl um die Befreiung von ihrer Assistententätigkeit bittet(25).

Voll Respekt und Verständnis trennt sie sich von dem 'Mei-
ster', von dem Mann, der ihrer Meinung nach "seine
Menschlichkeit seiner Wissenschaft geopfert hatte", von dem
Mann, der für sie immer 'der Meister' bleiben wird(26).

Trotz dieser Trennung ist jedoch der Weg zur Wahrheit
nicht gescheitert, im Gegenteil, wenn die Wege der Menschen zu Sackgassen werden, sind es die Wege Gottes,
die uns zur Wahrheit führen. Der Weg zur Phänomenologie
stellte einen wichtigen Schritt in der menschlichen Entwicklung Edith Steins dar; aber die Gnade Gottes hatte für sie
auch etwas anderes vorgesehen. Eine Vertiefung der menschlichen Wahrheit, der Wahrheit der Realität und der Phänomene; eine Vertiefung in die Wahrheit Gottes. Sie wußte
aber selbst nicht, was sie erwartete, sie wußte ja nicht,
Wer auf sie wartete. Sie ging einfach weiter mit der Klarheit des Verstandes und der Offenheit des Herzens, um sich
überzeugen zu lassen von dem, was ihr "erscheint". Jedes
Phänomen, jede 'Erscheinung' war für sie ein Untersu-
chungsobjekt, bis sie mit der "Erscheinung des Geheimnisses" konfrontiert wird. Solch eine Fragestellung
konnte man nicht phänomenologisch beantworten. Dafür
mußte sie in eine andere Gedankenwelt eintreten, nämlich
in die geheimnisvolle Gedankenwelt der Liebe. Diese Gedankenwelt, wo die Wahrheit gleichzeitig erkannt und geliebt
wird, wo sie fast aufhört, Erkenntnisobjekt zu sein, um
Liebesinhalt zu werden.

----

25 Vgl. Brief an Herrn Kaufmann vom 9.3.1918 und an
Roman Ingarden vom 28.2.1918. E.S.W. Band VIII. S.
32. Im Husserl-Archiv in Löwen befindet sich auch
ein Brief von Roman Ingarden an P. Van Breda (datiert in Krakau am 8.8.1952) wo steht: "... Husserl
hatte sie (die Bearbeitung der Manuskripte der
'Ideen') jedoch nie studiert und war auch für münd-
liche Gespräche lange Zeit nicht zu erreichen. Darum
sah Fräulein Stein im Frühling 1918 von ihrer Stelle
als Assistentin ab..."

26 Vgl. Brief an Herrn Fritz Kaufmann datiert in Göttingen am 22.11.1919. E.S.W. Band VIII S.44.

Diese Entwicklung ihres seelischen Zustandes stellte für sie eine ganz neue Erfahrung dar; die Erfahrung der Begegnung mit einer Person, die sich nicht ganz mit den Netzen der Phänomenologie fangen läßt, einer Person, die die wissenschaftliche Strenge der Philosophie übersteigt, einer Person, die die Ganzheit der Menschheit angenommen hat, um dort erkannt und geliebt zu werden.

DIE ERFAHRUNG DER BEGEGNUNG

> "Das Leben der Seele wird nicht von
> außen getrieben, sondern von 'oben'
> geleitet. Das 'von oben' ist zugleich
> ein 'von innen'.(27)

1. DIE BEGEGNUNG MIT DER GNADE:

Der Übertritt Edith Steins zur Katholischen Kirche wird
immer im Schatten des Geheimnisses bleiben. Zunächst,
weil solch ein Entschluß keinen punktuellen Akt oder Entscheidung des Lebens darstellt, sondern vielmehr einen in
der Zeit ausgedehnten Vorgang, der von der Gnade und
durch die Gnade geführt wird. Außerdem hat eine tiefe
und echte Konversion weniger mit einer grundsätzlichen
Veränderung der Lebensweise zu tun, als eher mit der Um-
kehrung des Herzens. Die Menschen sehen zwar das Äußere,
nur Gott kennt aber die Herzen(28); und diese 'Begegnung
des Herzens' wird in der Tiefe der Innerlichkeit, ohne Zu-
schauer und manchmal auch ohne menschlichen Begleiter
vollzogen.

Bei Edith Stein war es nicht anders gewesen. Die sehn-
süchtige Auseinandersetzung mit der Wahrheit des Menschen
führte sie zu einem Stadium, wo die Notwendigkeit der
Transzendenz spürbar wird. Wenn die Natur ihre Grenzen
erreicht, dann kommt die Gnade und öffnet die Tore des
Göttlichen, des unsagbaren, liebenden, barmherzigen und
teilhabenden Gottes. So handelt die Gnade in engem Zusammenhang mit der Natur und der Freiheit des Menschen und
Edith Stein ist sich dessen vollkommen bewußt, als sie

----

27 Vgl. Edith Stein: "Die ontische Struktur der Person
    und ihre erkenntnistheoretische Problematik". In: Edith
    Steins Werke (E.S.W.) Band VI. 'Welt und Person'.
    Beitrag zum christlichen Wahrheitsstreben. Louvain-
    Freiburg 1962. S.138.

28 Vgl. I. Sam. 16,7.

sagt: "Der Übergang aus dem Reich der Natur ins Reich
der Gnade muß von dem Subjekt, das aus dem einen ins
andere hinübergenommen werden soll, frei vollzogen werden; er kann nicht ohne sein Zutun geschehen oder gelei-
stet werden. Zwischen dem Reich der Natur und dem Reich
der Gnade schiebt sich das Reich der Freiheit"(29).

Auf diese Art und Weise werden Natur, Freiheit und Gnade
Bestandteile einer Sphäre, wo Gott sich offenbart, wo Gott
liebt und lebt, einer Sphäre, der das Leben Gottes entströmt. Das ist die einzige Sphäre, in der die Seele sich
selbst und ihren Frieden finden kann. Das ist die über-
strömende und schenkende Fülle des Reiches der Gnade, die
in der Vorsehung Gottes alles umfaßt. "Der Mensch kann
die Gnade nur ergreifen, insofern sie ihn ergreift".(30)
Und dieses gegenseitige Ergreifen kann nur geschehen insofern die Natur vollendet und transzendiert wird.

Der Weg zur Gnade endet jedoch nicht mit der theoretischen
Überzeugung des Bestehens eines Reiches Gottes und des
Geistes; es ist nämlich noch ein wichtiger Schritt notwendig, und zwar das Hereinnehmen der Seele in das Einströmen der Gnade(31).

Einige Autoren und vor allem Biographen behaupten, die
Konversion Edith Steins habe bei der Lektüre des Buches
über das Leben der hl. Teresia von Avila stattgefunden
(32); das mag stimmen, ich neige aber eher dazu, die
Konversion Edith Steins als einen Vorgang der Gnade, die
sie ganz langsam und sorgfältig vom Anfang ihres Lebens
bis zum Martyrium geführt hatte, zu betrachten. Damit

----

29 Edith Stein: "Die ontische Struktur der Person..."
   E.S.W. Bd. VI. S.139.

30 Edith Stein: "Die ontische Struktur der Person..."
   E.S.W. Bd. VI. S.147.

31 "Das Sichtbarwerden für den Geist ist nicht gleichbe-
   deutend mit dem Einströmen in die Seele. Der Geist
   kann sehen und die Seele leer bleiben. Solange aber
   der Geist des neuen Reiches nicht die Seele erfüllt,
   hat sie auch in ihm noch keinen Standort". Edith
   Stein: "Die ontische Struktur der Person..." E.S.W.
   Bd. VI. S.148.

32 Später werde ich das Thema der Beziehung Edith Stein-
   Teresa de Avila etwas ausführlicher betrachten.

will ich nicht bestreiten, daß punktuelle und einzelne An-
stöße eine steuernde Rolle in ihrer Entwicklung gespielt
haben, wie z.B. die strahlende Gedankenwelt des "katholischen" Max Scheler.

In den Jahren ihres Göttinger Studiums ging der Einfluß
Schelers auf Edith Stein weit über den der Philosophie
hinaus. Seine Genialität hatte einen Weg zur Wahrheit
der Christen gefunden und sie wurde entsprechend mitge-
teilt. Das war der erste Kontakt Edith Steins mit dieser
für sie bis dahin noch völlig unbekannten Welt. Diese
neue Welt führte sie noch nicht zum Glauben, sie erschloß
ihr aber einen Bereich von "Phänomenen", an denen sie
nicht mehr blind vorbeigehen konnte. Die Schranke der
rationalistischen Vorurteile, mit denen sie, ohne es zu wissen, aufgewachsen war, fielen und die Welt des Glaubens
stand plötzlich vor ihr. Sie begnügte sich einfach damit,
Anregungen aus ihrer Umgebung widerstandlos in sich aufzunehmen, und wurde – fast ohne es zu merken – langsam
dadurch umgebildet(33).

----

33 Vgl. Edith Stein: "Mein erstes Göttinger Semester..."
    S.29. Ferner auch: E.S.W. Bd. VII. S.182 ff.

2. DIE BEGNUNG MIT DEM KREUZ:

"Eine 'scientia crucis' kann man nur
gewinnen, wenn man das Kreuz gründlich
zu spüren bekommt"(34)

Das Wort Kreuz ist ein Schlüsselwort im Leben Edith Steins, und die Erfahrung des Kreuzes ist die Schlüsselerfahrung ihrer Mystik. Dem Kreuz ist Edith Stein mehrmals in ihrem Leben begegnet und jede Begegnung war nichts anderes als eine Vorbereitung auf die letzte Begegnung am Kreuz der Märtyrer. Kreuz und Auferstehung gehören zusammen, sagt die Spiritualität der Kirche, aber die zeitliche Zusammengehörigkeit stimmt nicht immer ganz überein, und der Kreuzweg verlängert sich so, daß zwischen Kreuz und Auferstehung eine lange Zeit des Ungewissens, sogar des Leidens besteht.

Edith Stein sagt, sie wäre zum ersten Mal dem Kreuz begegnet, als sie 1917 Prof. Husserl beim Begräbnis Adolf Reinachs, der in Flandern gefallen war, vertreten sollte. Sie sollte die Witwe aufsuchen, beim Ordnen der hinterlassenen Schriften Reinachs helfen, sie 'trösten'. Das war aber fast gar nicht mehr nötig, die Auferstehung hatte schon einen Platz im Leben Anna Reinachs gefunden. Mitten im Leid stand sie voll Hoffnung und glaubenserfüllter Freude. Vor solcher Erfahrung zerbrach plötzlich die rationale Weltanschauung Ediths. Die Wahrheit der Phänomene war

----

34 Brief an die Mutter Ambrosia Antonia Engelman OCD in Echt, vermutlich von Dezember 1941. In: Edith Stein: "Selbstbildnis in Briefen. 2. Teil: 1934–1942. E.S.W. Bd. IX. S.167.

34

Geheimnis geworden: Kreuzesgeheimnis(35). Das war die erste aber nicht die letzte Begegnung Edith Steins mit dem Kreuz. Erst fünf Jahre später konnte sie durch das Wasser der Taufe die volle Teilhaftigkeit am Kreuzestod und die Auferstehung in der Gnade Christi erfahren(36).

Nicht zufällig hatte sie den Namen Teresia Benedicta 'a Cruce' bei der Einkleidung im Kölner Karmel als Ordensnamen gewählt, und ihre letzte wissenschaftlich-mystische Tätigkeit war nichts anderes, als die Auseinandersetzung mit der "Wissenschaft des Kreuzes"(37).

Nach dem Ansatz des Johannes vom Kreuz hat sie versucht, das Geheimnis des Kreuzes zu untersuchen, und damit hat sie auch ihr Leben gekrönt. In der tiefsten Erniedrigung ihrer Seele ist sie "Nichts" geworden, und dort kam ihre mystische Vereinigung mit Gott zustande. "Diese besteht ... einzig in einem Kreuzestod bei lebendigem Leibe,

---

35 "Es war dies meine erste Begegnung mit dem Kreuz und der göttlichen Kraft, die es seinen Trägern mitteilt. Ich sah zum ersten Mal die aus dem Erlöserleiden geborene Kirche in ihrem Sieg über den Stachel des Todes handgreiflich vor mir. Er war der Augenblick, in dem mein Unglauben zusammenbrach, das Judentum verblaßte und Christus aufstrahlte. Christus im Geheimnis des Kreuzes" Von Edith Stein, in: "Briefe über Edith Stein": Unveröffentlichte Schriften aus dem Edith-Stein-Archiv. Karmel 'Maria vom Frieden'. Köln. G.1. – G. 5.

36 Sie wurde am 1.1.1922 getauft, und gleich bekam sie die erste Kommunion.

37 Vgl. Edith Stein: "Kreuzeswissenschaft. Studie über Johannes a Cruce" Louvain-Freiburg. 1954. E.S.W. Band I.

im Sinnlichen wie im Geistigen, äußerlich wie innerlich"
(38).

Wie Edith Stein diese Begegnung mit dem Kreuz verstanden
und verarbeitet hat, wird der Hauptteil unserer Arbeit
sein, deshalb brechen wir hier ab in der Hoffnung, daß
das Thema immer anziehender wird.

----

38 Edith Steins Zitat von Johannes vom Kreuz in "Kreuzes-
    wissenschaft" S.27. Der Original-Text lautet: "Y cuando
    viniere a quedar resuelto en nada, que será la suma
    humildad, quedará hecha la unión espiritual entre
    el alma y Dios, que es el mayor y mas alto estado
    a que en esta vida se puede llegar. No consiste pues
    en recreaciones y gustos y sentimientos espirituales
    sino en una muerte de Cruz, sensitiva y espiritual,
    esto es, interior y exterior. "San Juan de la Cruz:
    "Subida al monte Carmelo" Lib. II, cap. 6; en: 'Obras
    del místico doctor...' Edición crítica con introduc-
    ciones y notas del P. Gerardo de San Juan de la Cruz.
    Toledo 1912.
    Ich möchte hier darauf hinweisen, daß die heutigen
    Ausgaben der Werke Johannes vom Kreuz sich mehr auf
    die Ausgabe von P. Silverio de Santa Teresa OCD.
    stützen und eine andere Einteilung haben als die von
    P. Gerardo. Dieser Hinweis könnte dem überprüfenden
    Leser viel Zeit sparen.
    - San Juan de la Cruz: "Obras Completas": Edición
      Crítica, documentación histórica e introducciones
      por Silverio de Santa Teresa OCD. Biblioteca Mistica
      Carmelitana. Vol. 10-13. Burgos 1929-1930.

3. DIE BEGEGNUNG MIT TERESIA VON AVILA:

"Das ist die Wahrheit"

(E.S.)

Diese Begegnung ist ebenfalls entscheidend für das Leben Ediths. Nicht so sehr für ihre damalige Gegenwart, als wie für ihre Zukunft. Fast fünf Jahre nach dem Tode Reinachs, als sie schon über dreißig Jahre alt war, hielt sie sich bei ihrer Freundin Hedwig Conrad-Martius zu Besuch auf. Die Stunde der Gnade - und der Entscheidung - war für sie gekommen. Ohne es zu wissen, fing sie an, den Weg des Berges (Karmel und Golgotha) zu betreten. Auf sie wartete die faszinierende Persönlichkeit einer Frau, die einige Jahrhunderte früher eine der wichtigsten Erneuerungsbewegungen des Ordenslebens in Spanien durchgeführt hatte.

Wie schon gesagt, hielt sich Edith Stein bei ihrer Freundin auf, und als sie einmal allein zuhause war, suchte sie sich etwas aus der Bibliothek zur Bettlektüre heraus. Aufgrund einer von diesen "Zufälligkeiten" Gottes, wählte sie das Buch mit dem Titel "Leben der hl. Teresia von Avila, von ihr selbst geschrieben"(39). Sie erzählt weiter: "Ich begann zu lesen, und war sofort gefangen und hörte nicht mehr auf bis zum Ende; als ich das Buch schloß, sagte ich mir: 'Das ist die Wahrheit'".

Aber... was ist die Wahrheit? Was sie sich dabei gedacht hatte, wird uns verborgen bleiben. Klar und deutlich ist aber ihr Entschluß, in das Reich der Gnade einzutreten. Sofort nach dieser Lektüre kaufte sie einen Katechismus und ein Missale, und nachdem sie diese gründlich studiert hatte, ging sie in eine Kirche, nahm an der Heiligen Messe

----

39 Es geht um das 'Libro de la vida'. Es ist, zeitlich gesehen, das erste große Buch, das Teresia von Avila geschrieben hat. Streng gesehen ist es keine "Autobiographie", sondern eher die Erzählung von vielen verschiedenen Erfahrungen, die sie aus Gehorsam für ihren Beichtvater niederschreiben sollte.

teil und gleich danach bat sie den Priester um die Taufe.
Das Werk der heiligen Teresia hatte, wie bisher kein anderes, auf ihr geistliches Leben Einfluß. Die 'Entdeckung'
der Philosophie, die sie mit den "Logischen Untersuchungen"
(40) Husserls gemacht hatte, wurde jetzt 'Erscheinung' der
Gnade, insofern sie eine entscheidende Erfahrung Gottes
machte. Das stellt für sie einen großen Schritt nach vorne
dar; von der Phänomenologie und der "klaren" natürlichen
Wahrheit war sie zur "dunklen" Wahrheit des Glaubens
übergegangen: "Mehr als der Weg des philosophischen Erkennens gibt uns der Weg des Glaubens: den Gott der persönlichen Nähe, den Liebenden und Erbarmenden, und eine
Gewißheit, wie sie keiner natürlichen Erkenntnis eigen ist.
Aber auch der Weg des Glaubens ist ein dunkler Weg. Gott
selbst stimmt seine Sprache zu menschlichen Maßen herab,
um uns das Unfaßliche faßlicher zu machen".(41)

----

40 Vgl. Anm. Nr. 6.

41 Edith Stein: "Endliches und Ewiges Sein" E.S.W. Bd.
    II. S.58.

38

4. DIE BEGEGNUNG MIT THOMAS VON AQUIN:

> "Daß es möglich sei, Wissenschaft
> als Gottesdienst zu betreiben,
> ist mir zuerst so recht am hl.
> Thomas aufgegangen."(42)

Die Begegnung mit Thomas von Aquin stellt für Edith Stein die letzte Wende zum philosophischen Realismus dar. Die am Anfang sogenannte "Neue Scholastik" der "Logischen Untersuchungen" Husserls war schon längst "transzendentaler Idealismus" geworden. Als Edith Stein noch in Göttingen war, sprach man mit Bewunderung von der radikalen Abkehr der Philosophie Husserls ("Phänomenologie") vom kritischen Idealismus kantianischer und neukantianischer Art. Die spätere Entwicklung seiner Philosophie aber beinhaltete verschiedene Grundzüge, die eine neue Wende zum Idealismus zu erwarten gaben. Viele von seinen alten Schülern dieser Zeit waren nicht mehr bereit, weiter in diese Richtung zu denken, und verließen ihn(43).

Edith Stein blieb trotz allem ihrem 'Meister' treu. Nicht nur ihre Arbeiten deckten sich mit der Lehre Husserls(44), sondern sie wurde auch (der Meinung Husserls nach) seine beste "Mitarbeiterin", wie schon am Anfang dieser Arbeit angedeutet wurde. Im Laufe der Mitarbeit bei dem 'Meister' beginnen aber schon Edith Steins Bedenken über die neue idealistische Richtung Husserls. Vor allem war für sie

---

42 Brief an Sr. Callista Kopf O.P. Original im Archiv der Dominikanerinnen. St. Magdalena Speyer. Auch E.S.W. Bd. VIII. S.54.

43 Vgl. Edith Stein: "Mein erstes Göttinger Semester"... S.19.

44 Vgl. Brief an Herrn Kaufmann vom 16.8.1916. E.S.W. Bd. VIII. S.11-12. "Ich faßte mir ein Herz dazu als er am nächsten Tage eröffnete, er sei mit meiner Arbeit sehr zufrieden und ein gutes Stück davon decke sich mit wesentlichen Bestandteilen aus dem 2. Teil der 'Ideen'".

das Thema der "Konstitution" wichtig, wie sie selbst in
einem Brief an Roman Ingarden schildert: "Übrigens hat
sich im Anschluß daran plötzlich bei mir ein Durchbruch
vollzogen, wonach ich mir einbilde, so ziemlich zu wissen,
was Konstitution ist – aber unter Bruch mit dem Idealismus. Eine absolut existierende physikalische Natur einerseits, eine Subjektivität bestimmter Struktur andererseits
scheinen mir vorausgesetzt, damit sich eine anschauliche
Natur konstituieren kann. Ich bin noch nicht dazu gekommen, dem Meister meine Ketzerei zu **berichten**".(45)

Die Behauptung der absoluten Notwendigkeit der Existenz
einer physikalischen Natur gegenüber einer Subjektivität
bestimmender Struktur, hat realistisch geprägte Komponenten, die die Lehre der Konstitution Husserls nicht leicht
annehmen konnte. Beide (Edith Stein und Husserl) waren
aber bereit, ihre Thesen bis zum Letzten zu begründen und
sie zu verteidigen. "Meine Bedenken gegen den Idealismus
habe ich dem Meister neulich feierlich unterbreitet. Eine
"peinliche Situation" (wie Sie fürchteten) war das gar
nicht. Ich wurde in einer Ecke des lieben alten Ledersofas
untergebracht, und dann hat man zwei Stunden heftig de-
battiert – natürlich ohne sich gegenseitig zu überzeugen.
Der Meister meinte, er sei gar nicht abgeneigt, seinen
Standpunkt zu ändern, wenn man es ihm als notwendig
erwiese. Das ist mir aber bisher nicht gelungen."(46)

Einige Zeit später kam es zur Trennung ihrer Lebenswege
und, obwohl bei Edith Stein die Bewunderung für den Meister nie verschwand, war sie ihm durch ihre eigenen philosophischen Züge langsam etwas fremder geworden.

Zeitlich gesehen ist die Begegnung mit Thomas zu Stande
gekommen, als sie Lehrerin bei den Dominikanerinnen

----

45 Brief an Roman Ingarden vom 3.2.1917 in: Philosophy
    and Phenomenological Research. Vol. 23. 1962. Auch in
    E.S.W. Bd. VIII. S.17.

46 Brief an Roman Ingarden vom 20.2.1917 in: Philosophy
    and Phenomenological Research. Vol. 23. 1962. Auch in
    E.S.W. Bd. VIII. S.19-20.

in Speyer war(47). Im Vorwort ihres philosophischen Haupt-
werkes(48) erzählt Edith Stein (als sie es schrieb, war sie
schon im Karmel), daß die 'Verfasserin' dieses Werkes –
in einem Alter, in dem andere es wagen dürfen, sich Lehrer zu nennen – gezwungen war, ihren Weg von vorn zu
beginnen. Nach einer fruchtbaren philosophischen Tätigkeit
bei Husserl, hatte sie aufgehört, philosophisch zu arbeiten
und war damit beschäftigt, die Folgerungen daraus zu ziehen, den Weg zu Christus gefunden zu haben.

Mit dem Christentum eröffnete sich für Edith Stein eine
ganz neue Welt, und sie wollte die gedanklichen Grundlagen
dieser Welt untersuchen und sich zu eigen machen, indem
sie sich mit Thomas von Aquin beschäftigte. "Der heilige
Thomas fand eine ehrfürchtige und willige Schülerin – aber
ihr Verstand war keine 'tabula rasa', er hatte schon eine
sehr feste Prägung, die sich nicht verleugnen konnte"(49).
Nach der philosophischen Pause kam die Zeit des neuen
Anfangs und der Gegenüberstellung Husserl – Thomas von
Aquin, oder besser gesagt, der Zusammenfluß Husserls mit
Thomas, insofern dies möglich ist.

Die erste große Arbeit, die sie, was Thomas angeht, unter-
nommen hatte, war die Übertragung der "Quaestiones disputatae de Veritate" ins Deutsche(50), und dort fand sie
die Erfüllung ihrer Sehnsucht nach der Wahrheit der Dinge
wieder; die Reinheit des Seins, die in den "Sachen selbst"
verborgen ist. Dieser Weg hatte sie ins Mittelalter geführt

----

47 Edith Stein war acht Jahre am Lyzeum der Dominikane-
    rinnen vom St. Magdalena, in Speyer als Lehrerin tätig.

48 Edith Stein: 'Vorwort von "Endliches und Ewiges Sein"
    Versuch eines Aufstiegs zum Sinn des Seins'. Louvain-
    Freiburg. 1950. S.VIII-XII. E.S.W. Bd. II.

49 Edith Stein: "Vorwort...." E.S.W. Bd. II. S.VIII.

50 "Die Übertragung der Quaestiones 'De Veritate' war für
    mich ein notwendiger Weg, um in die Gedankenwelt
    des Hl. Thomas einzudringen". Edith Stein: "Des Hl.
    Thomas von Aquin Untersuchungen über die Wahrheit"
    Band I. Vorwort. E.S.W. Bd. III. S.7.

und sie wollte die immer bestehende Aktualität solcher Gedanken in die Gegenwart rufen. Daher die besondere Sprache, die sie in der Übersetzung gebraucht hat, nicht gerade für die Kenner des Urtextes, obgleich sie auch für diese sehr behilflich sein könnte, denn diejenigen, die bei Thomas zuhause sind, stehen normalerweise dem modernen philosophischen Denken fern. Ihr Ziel ist dabei nichts anderes als die Wiedergabe des Werkes des Thomas in der Sprache der Gegenwart, um damit etwas zur Verständigung der philosophischen Aktualität der Vergangenheit mit den gegenwärtigen philosophischen Strömungen beizutragen. Einen großen Schritt nach vorne in diesem Verständigungsversuch machte Edith Stein in einem vergleichenden Aufsatz der Philosophie Husserls mit der des Thomas von Aquin(51) und damit bringt sie die überzeitliche Bedeutung der "philosophia perennis" zum Ausdruck(52).

Thomas war für sie aber auch mehr als nur ein großer Philosoph. Er war in der Wissenschaft der Wegbereiter zum Glauben, zu Gott. Er war der 'Theo-loge'. Sie hatte den Weg zur Wahrheit bei der Lesung der heiligen Teresia

----

51 Edith Stein: "Husserls Phänomenologie und die Philosophie des heiligen Thomas von Aquin". In: Jahrbuch für Philosophie und phänomenologische Forschung. Ergänzungsband. (Husserl-Festschrift zu seinem 60. Geburtstag) Halle. 1929. S.315-338.
Ursprünglich hatte sie an eine umfangreiche Konfrontation zwischen Thomas und Husserl in der Form eines Dialoges gedacht; später aber mußte sie auf Verlangen von Martin Heidegger das geplante Werk umarbeiten und es bedauerlicherweise in einen viel weniger bedeutenden Artikel umwandeln.

52 "Aber 'philosophia perennis' bedeutet doch noch etwas anderes: Ich meine den Geist echten Philosophierens, der in jedem wahren Philosophen lebt... Diesen Geist bringt der geborene Philosoph mit zur Welt... und so reichen sich die echten Philosophen über alle Grenzen von Raum und Zeit die Hände. So waren Plato und Aristoteles und St. Augustin des hl. Thomas Lehrer – wohl zu beachten: nicht Aristoteles allein auch Plato und Augustin – und es war ihm gar nicht anders möglich als in beständiger Auseinandersetzung mit ihnen zu philosophieren". Edith Stein: "Husserls Phänomenologie und ..." S.316.

gefunden; jetzt führte sie Thomas auf diesem Weg weiter. "Er hatte ihr nicht nur Entscheidendes über Glauben und Wissen zu sagen, auch der mystische Weg des Glaubens, der in nichts anderem als in der Liebe seine Erfüllung findet, war ihm nicht unbekannt".(53) Wissenschaft und Glaube hatten in ihrer Seele einen Weg zueinander gefunden. Die Wahrheit der Dinge fand ihr Fundament in der Wahrheit Gottes und die schöpferische Liebe deckte die vielfältige Welt der Phänomene. Der Sprung zur Transzendenz war damit in ihrem Verstand und in ihrem Herzen vollbracht.

Gott hatte sie lange Zeit vorbereitet, das verborgene Geheimnis der Gnade zu empfangen; und jetzt war sie fruchtbare Erde, um den Samen der Liebe blühen zu lassen. Sie trat langsam in den Bereich ein, wo Liebe und Erkenntnis eine untrennbare Einheit bilden, wo die Erkenntnis liebende Erkenntnis und die Liebe erkennende Liebe ist. Ihre Sehnsucht nach der Wahrheit fängt an, sich zu erfüllen, indem sie die liebende Transzendenz der Phänomene entdeckt. Die Philosophin, die bei Thomas die 'Theo-logie' ("gottesdienstliche Wissenschaft") zu spüren bekommen hatte, wird durch die Gnade Gottes die Mystikerin, die auf dem Berg Karmel die Ruhe ihrer Seele findet, die Wahrheit der Dinge entdeckt und in der immer bestehenden Liebe Gottes lebt.

53 Herbstrith, Waltraud: "Edith Stein und Thomas von Aquin". In: Wort und Antwort. 15. Jg. Nov.-Dez. 1974. Heft 6. S.181-186.

DIE STUFE DER MYSTIK

EINIGE GRUNDLAGEN DER STEIN'SCHEN MYSTIK

In diesem Kapitel möchte ich einige Fundamente und Grundlagen, auf denen die Stein'sche Mystik steht, untersuchen.
Dafür muß ich zunächst eine Vorstufe der Mystik in Betracht ziehen, nämlich die Stufe der philosophisch-theologi-
schen Begründung ihrer mystischen Analyse. Solch eine
Begründung, die nicht systematisch und in dieser Weise zu
finden ist, läßt sich aber aus ihrem philosophischen Haupt-
werk(54) und einigen ihrer Aufsätze herausarbeiten(55).
Es geht zuerst um die Feststellung des Subjektes der mystischen Erfahrung.

A. LEIB-SEELE-GEIST; GEIST UND PERSON

Aus einer sorgfältigen Untersuchung des Abbildes der Dreifaltigkeit in der Schöpfung schließt Edith Stein, daß die
Frage nach dem Sinn des Seins uns bis zum ersten Sein
führt, und das unter dem Begriff und der Realität "Person". Das Personsein bleibt aber im Dunkel, wenn nicht
dazu erklärt wird, was es heißt, die Person als Träger
einer vernunftbegabten Natur zu bezeichnen, entsprechend
ihrer überzeitlichen und übernatürlichen 'Geistnatur'. Was
heißt aber 'Geist'(56)? "Das Geistige ist gekennzeichnet
worden als das Unräumliche und Unstoffliche; als das, was

----

54 Edith Stein: "Endliches und Ewiges Sein" E.S.W. Bd.
    II.

55 Zum Beispiel: Edith Stein: "Die ontische Struktur der
    Person..." E.S.W. Bd. VI.

56 Vgl. u.a. Edith Stein: "Endliches und Ewiges Sein"
    Kap. IV. § 3. N. 20: Stoff und Ding, Stoff und Geist
    und § 4. N. 8: Leib-Seele-Geist als Grundformen wirk-
    lichen Seins.

ein 'Inneres' in einem völlig unräumlichen Sinn hat und 'in sich' bleibt, indem es aus sich herausgeht".(57) Solch eine Definition trifft mit Genauigkeit (insofern die Analogie Genauigkeit ermöglicht) in erster Linie die kommunikative 'Relatio' der Drei Personen in der einzigen Natur der Dreifaltigkeit, und das menschliche Personsein, insofern es die Dreifaltigkeit als Urbild seines eigenen Seins hat. Personsein impliziert also notwendigerweise Geistsein, indem die menschliche Person Abbild der Dreifaltigkeit ist und zu ihr seinsmäßig die Geistigkeit gehört.

Edith Stein stellt jedoch auch fest, daß das menschliche Sein auch leiblich-seelisch-geistiges-Sein ist(58), und insofern es geistig ist, geht es über das Sein der anderen Lebewesen hinaus, obgleich dieses Über-das-andere-Sein-hinausgehen auf keinen Fall bedeutet, daß der Geist ein bezugsloses Prinzip der menschlichen Person darstellt, sondern vielmehr, daß er die Sprungmöglichkeit der leibseelischen Einheit zur Transzendenz ist.

Wenn wir nun den Geist als charakterisierenden Bestandteil der Person annehmen, stellen wir fest, daß dieses 'Zentrum' vielfältige Jenseitsmöglichkeiten hat. In dem Bereich des Menschlichen kann man von einem doppelten Jenseits sprechen: Das Jenseits der äußeren und das Jenseits der inneren Welt. Und über beide hinaus führt uns das Jenseits des göttlichen Seins. Äußere und innere Welt beschreiben die Leib-Seele-Existenz des Menschen und seine geistige Existenz, die 'von oben' aufgenommen und erfüllt wird, stellt als höchste Instanz der Menschlichkeit den wechselströmenden Kanal zwischen Gott und Mensch dar.

Leib, Seele, Geist und 'Ich' oder 'Person' als ganzfassende Begriffe gehören untrennbar zusammen, obwohl jeder von den ersten nur einen Aspekt des Menschsein zeigt. Alle zusammen bilden eine Wesens- und Existenzeinheit, die dem Menschen ermöglicht, auf der Welt ganz Mensch zu bleiben und dank seiner geistigen Natur nach der Vereinigung mit Gott in der Gnade und der Herrlichkeit zu streben. Die

----

57 Edith Stein: Endliches und Ewiges Sein" E.S.W. Band
    II. S.333.

58 Edith Stein: "Endliches und Ewiges Sein" E.S.W. Bd.
    II. S.336.

Geistesnatur der Seele, sagt Edith Stein, ist für ihre Vereinigung mit Gott notwendig vorausgesetzt(59). Auf Grund ihrer geistigen Natur hat die menschliche Seele auch die Aufgabe des Aufsteigens über sich selbst zur Vereinigung mit Gott; aber da diese Vereinigung nur aus Gottes Gnade geschehen kann, muß die Seele immer in der Bereitschaft bleiben, von Gott erhoben zu werden. Man soll hier nicht den Eindruck bekommen, daß verschiedene Komponenten des Mensch-seins nebeneinander bestehen, weil es keinen Geist neben der Seele und keinen unbeseelten menschlichen Leib gibt. Die Seele ist als solche Form des Leibes (forma corporis) und geistiger Natur (spiritualis naturae). Sie ist dazu berufen, das ewige Leben zu erlangen und noch in der Zeitlichkeit "Wohnung Gottes" zu werden. "Durch ihre reine Geistigkeit ist sie auch fähig, den Geist Gottes in sich aufzunehmen und durch ihre freie Persönlichkeit vermag sie sich so hinzugeben, wie es für diese Aufnahme nötig ist".(60)

B. MENSCH-PERSON ALS ABBILD GOTTES

"Dann sprach Gott: 'Laßt uns Menschen machen als unser Abbild, nach unserer Gestalt"(61). So wie die Transzendenzmöglichkeit des Menschen primär in der geistigen Seele gesucht werden soll, so findet man auch primär in der Seele den abbildlichen Charakter der Person. Wir müssen zwar die Abbildlichkeit Gottes in der einheitlichen Ganzheit, die der Mensch darstellt, suchen; wir dürfen aber nicht vergessen, daß vor allem durch die Seele das Ganze ein 'Sinnvolles' und 'Lebendiges' ist. Die Seele hat jedoch in der Hinwendung zu dem Leib nicht ihr einziges Sein, "weil für sie ein von ihm (dem Körper) abgelöstes,

---

59 Edith Stein: "Endliches und Ewiges Sein" E.S.W. Bd. II. S.422.

60 Edith Stein: "Endliches und Ewiges Sein" E.S.W. Bd. II. S.461.

61 Genesis 1,26.

selbständiges Eigenleben möglich ist, (mit einer transzendentalen Beziehung -relatio- zum Körper, würde Thomas sagen(62)) darum kann auch sie für sich allein als Abbild des Dreieinigen angesehen werden".(63)

Ob die Seele als Abbild der Dreieinigkeit auch dreieinig ist, ist eine Diskussion, in die ich an dieser Stelle nicht eintreten will. Es geht, kurz gesagt, um die Gegenüberstellung der These des heiligen Augustinus über die Seele als Dreieinigkeit von Geist, Liebe und Erkenntnis(64) oder auch Gedächtnis, Verstand und Liebe(65) und der These von Thomas (die die andere nicht unbedingt ausschließt) über den Verstand und den Willen als die im engsten Sinne geistigen "potentiae" der Seele.

Wichtig ist es hier jedoch zu bemerken, daß die Seele, insofern sie eine gewisse Stoffunabhängigkeit-Geistigkeit besitzt, ein Abbild des ewigen Gottes in der Person darstellt, und daß sie, insofern sie Abbild Gottes ist, auch in der Lage ist, ihn bei sich aufzunehmen. Gott er-gibt sich als Wahrheit und Liebe, und die Seele wird von dieser Wahrheit und Liebe, die zu ihr in Form der Gnade kommen, "göttlich" geprägt. In dieser – seitens Gottes erschaffenden, seitens der Seele annehmenden freien Entscheidung – Wechsel-Hingabe der Liebe und der Wahrheit (= Willen – Verstand), findet schließlich die Vereinigung der Seele mit Gott statt, und in einem Akt der Erkenntnis entdeckt sie ihre Ähnlichkeit-Abbildlichkeit ('similitudo et imago') mit dem Schöpfer, Gott.

----

62 Die in Klammern hinzugefügte Anmerkung stammt nicht von Edith Stein.

63 Edith Stein: "Endliches und Ewiges Sein" E.S.W. Bd. II. S.411.

64 Vgl. Augustinus: "De Trinitate" IX, 1-5, 10, 12.

65 Vgl. Augustinus: "De Trinitate" X-XIV.

C. WAHRHEITSMITTEILUNG UND LIEBESHINGABE

Beide Begriffe beinhalten das, was man normalerweise Gnade nennt. Wir werden später ausführlicher auf das Thema 'Person und Gnade' eingehen; hier geht es eher darum, die Möglichkeit der Wahrheitsmitteilung und der Liebeshingabe festzustellen und damit auch die Möglichkeit des Innewohnens Gottes in der Seele zu betrachten.

Edith Stein fragt sich: "Wenn der Mensch schon zur Erkenntnis und zu wirklich erfüllter Liebe anderer Menschen nur gelangen kann, falls sie selbst sich ihm liebend erschließen – alles andere, was wir Menschenerkenntnis und Menschenliebe nennen, sind nur Wege und Vorstufen dazu – wie soll er zur Liebe Gottes kommen, den er nicht sieht, ohne daß er von Gott zuvor geliebt wird."?(66)

Der Mensch kann mit dem Verstand zwar erkennen, daß es einen Gott gibt, das eigentliche Wesen Gottes aber bleibt ihm verborgen. Eine vom Menschen her aufsteigende Gotteserkenntnis setzt eine unverzichtbare Mitteilung des Seins und damit der Wahrheit Gottes voraus. Der Mensch kann Gott als solchen erkennen, nur indem Gott sich selbst im Sein der Dinge mitteilt und ergibt. Genauso, um Gott zu lieben und um ihn als Liebenden erkennen zu können, muß der Mensch die Gabe der göttlichen Liebe zu spüren bekommen haben und die Seele in einen Zustand der Leere, der Offenheit und der Bereitschaft stellen, um die Annahme Gottes zu ermöglichen.

Der ganze Vorgang beginnt aber nicht und endet auch nicht in der Seele. Die Wahrheitsmitteilung und Liebeshingabe fängt bei Gott an und "vollendet sich erst, wenn Gott sich im Gnaden- und Glorienleben der Seele selbst hingibt, ihr sein göttliches Leben mitteilt und sie in sein göttliches Leben hineinzieht".(67)

Die menschliche Sprache ist manchmal im Höchstmaß begrenzt, um die Gott-Mensch-Beziehung zu verdeutlichen.

----

66 Edith Stein: "Endliches und Ewiges Sein" E.S.W. Bd.
    II. S.421.

67 Edith Stein: "Endliches und Ewiges Sein" E.S.W. Bd.
    II. S.421.

Es gibt in der Tat keine Zeitstufung zwischen dem 'Sich-Gott-offenbaren', der Anerkennung-Bereitstellung der Seele und der Hingabe Gottes. Gott kommt auch nicht 'in die Seele hinein', weil er immer schon als mitgeteiltes Sein in ihr gewesen ist. Gott, könnte man sagen, ohne Angst pantheistisch zu werden, wird mit der Seele eins durch den Verstand in der Offenbarung-Erkenntnis der Wahrheit, und durch den Willen in der Hingabe-Annahme der Liebe.

Gott verändert sich in keiner Weise bei seiner Offenbarung-Hingabe, "die Seele freilich (und darum der ganze Mensch) erfährt durch diese Vereinigung eine Umwandlung von Grund auf"(68). Ihre Erkenntnis der Wahrheit und ihre Erfahrung der Liebe sind das letzte Ziel und der Sinn ihres Seins; ihre Vollendung und ihre Vollkommenheit der Höhepunkt der Immanenz, wo die Wege der Transzendenz in der Verborgenheit des Herzens geöffnet werden.

D. PERSON UND GNADE

Die Grundgedanken dieses Abschnittes werden wir anhand eines Aufsatzes Edith Steins aufreißen, und zwar in unmittelbarem Zusammenhang mit der Ontologie des "Endliches und Ewiges Sein"(69) und einer Vorstudie dieses Werkes, nämlich "Potenz und Akt".(70) Es handelt sich hier um den im VI. Band der "Edith Steins Werke" (E.S.W.) veröffentlichten Aufsatz "Die ontische Struktur der Person und ihre erkennt-

----

68 Edith Stein: "Endliches und Ewiges Sein" E.S.W. Bd. II. S.422.

69 Siehe Literaturangabe, Anm. N. 3.

70 Diese Arbeit bleibt immer noch unveröffentlicht und befindet sich im Besitz des "Archivum Carmelitanum Edith Stein", früher Bestandteil des Husserl-Archiv in Brüssel.

nistheoretische Problematik".(71)

Wir haben schon von den Jenseitigen der Seele gesprochen (72), und hier geht es sozusagen um das Jenseits-Inseits des göttlichen Seins. Mit den Worten von Edith Stein geht es um "das Leben der Seele, die nicht von außen getrieben wird, sondern 'von oben geleitet' wird. Das 'von oben' ist zugleich ein 'von innen'. Denn in das Reich der Höhe erhoben werden, bedeutet für die Seele ganz in sich hineingesetzt werden"(73). 'Von oben' und 'von innen' drückt hier zweierlei aus: auf der einen Seite steht die freie Person, auf der anderen Gott und seine Gnade. Die ganze Person muß vom 'Reich der Natur', an das die Seele durch den Leib gebunden ist, ins 'Reich der Gnade' übergehen, wo der Mensch als Ganzheit die Vollkommenheit sowohl seiner natürlichen als auch seiner übernatürlichen 'potentiae' erfährt. Dieser Übergang geschieht nicht ohne die Gnade Gottes, aber auch nicht ohne die freie Entscheidung des Subjektes. Freiheit und Gnade gehören eng zusammen. Die Seele ist, dank ihrer Freiheit, immer in der Lage, die Gnade Gottes anzunehmen, und die Gnade ist paradoxerweise für sie so bestimmend, daß die Seele nur, insofern sie sich im Reich der Gnade bewegt, die Erfüllung ihrer Selbsterkenntnis und ihres Hinzielens zur Transzendenz Gottes erreichen kann. "Im Reich der Natur besitzt sich die Seele nicht"(74). Sie muß über das Reich der Natur hinausgehen – ohne es zu verleugnen – und in dem neuen Reich (dem Reich der Gnade) den Sinn

---

71 Edith Stein: "Die ontische Struktur der Person und ihre erkenntnistheoretische Problematik". In: E.S.W. Bd. VI: "Welt und Person". S.138-197. Zwei Gliederungsentwürfe dieses Werkes sind in dem gleichen Band genau beschrieben. S.XXIX-XXXI.

72 Vgl. in dieser Arbeit auf der Seite 46.

73 Siehe Anm. N. 3. Ferner: Edith Stein: "Die ontische Struktur der Person..." S.138.

74 Edith Stein: "Die ontische Struktur der Person..." E.S.W. Bd. VI. S.143.

ihrer freien Existenz (und sich selbst) finden(75).

Dies alles ist der Seele nur möglich, weil sie vernunftbegabt, ja "geistig" ist. Geist besagt in diesem Zusammenhang nicht nur eine Person, sondern er kann auch die Bezeichnung einer Sphäre sein. Eine geistige Sphäre ist in diesem Fall eine Sphäre, die Gott entströmt; das, was Edith Stein das Reich der Höhe oder das Reich der Gnade genannt hat; ein Reich, das Gott zum Zentrum hat, und wo die Seele ihren Frieden und letzte, beschauliche Ruhe erlangt.

Die gegenseitige Annäherung zwischen der freien Person und der Gnade durchdringt das ganze mystische Leben Edith Steins und spiegelt sich sehr deutlich in ihren Werken wieder. Sie weiß es genau, die Freiheit ist die menschliche Instanz, die die Gnade braucht, uns Menschen zu erheben, und die Menschen können diese Gnade als freie Subjekte nur ergreifen, insofern die Gnade selbst sie ergreift. Ohne Freiheit ist der Mensch außerdem jenseits von Gut und Böse; als freies handelndes Subjekt ist er fähig, Gott und seine Gnade anzunehmen und das Böse zu meiden(76).

Nach diesen Prinzipien kann man wohl sagen, daß für Edith Stein die Freiheit des Geistes der Ort der mystischen Erfahrung ist; der Ort der Begegnung zwischen Gott und der Seele. Es genügt aber nicht, davon nur Erkenntnis zu haben, das für den Geist Sichtbar-werden reicht nicht. "Der Geist kann sehen und die Seele leer bleiben, solange aber der Geist des neuen Reiches nicht die Seele erfüllt,

----

75 "Die Person, die sich im Reich der Natur aufrichtet, hat die Möglichkeit, sich gegen das, was von außen auf sie eindringt, abzuschließen. Aber solange sie dagegen kein anderes Bollwerk hat als ihre Freiheit, kann sie es nur, indem sie sich fortschreitend selbst entleert und sich, indem sie sich völlig freimacht, völlig aufzehrt. Erst in einem neuen Reich kann ihre Seele neue Fülle gewinnen und damit erst ihr eigenes Haus werden". Edith Stein: "Die ontische Struktur d. Person..." S.143.

76 Edith Stein: "Die ontische Struktur der Person..." E.S.W. Bd. VI. S.147.

hat sie auch in ihm noch keinen Standort".(77)

Damit die Seele die entsprechende Disposition besitzt, das Reich der mystischen Gnade zu erfahren, muß sie auch die radikale Wandlung, die Wiedergeburt aus dem Geiste erfahren, und als Neugeborene findet sie einen Platz, wo ihre menschliche Ganzheit und ihre personale Individualität die natürliche und übernatürliche Vollkommenheit erlangen kann.

----

77 Edith Stein: "Die ontische Struktur der Person..." E.S.W. Bd. VI. S.148.

IN DER SCHULE DES KARMELS

TERESIA VON AVILAS "SEELENBURG"

Es ist wohl bekannt, welch wichtige Rolle die heilige Teresia von Avila im Leben Edith Steins gespielt hat. Sie sagt,
sie habe die Wahrheit gefunden, als sie die 'Selbstbiogra-
phie' Teresias las; und später hat sie sich immer wieder
mit den Schriften Teresias beschäftigt. Das Siegel "der Heiligen", wie die hl. Teresia in Spanien genannt wird, hat
sie zum Karmel geführt, und die Vertiefung in ihr Leben
und ihre Werke ermöglichten Edith Stein den Zugang zu
einem für sie noch unbekannten Bereich der menschlich-
göttlichen Realität, nämlich der Mystik.

Ihr Kontakt mit der großen Frau des spanischen Volkes
war kein primär rational geprägter Kontakt, sondern vielmehr ein Kontakt von Frau zu Frau, von Mystikerin zu
werdender Mystikerin. Schon im Jahr 1934, also während
ihres Noviziates, erschien in Konstanz eine kurze Biographie der hl. Teresia, die Edith Stein sorgfältig für die
Verbreitung der Lebensgeschichte der Reformatorin des
Karmels geschrieben hatte. Das war das Leben der Frau,
die einen Teil ihres eigenen Lebens erfüllt hatte. Bedeut-
samer ist jedoch für uns hier ihre Beschäftigung mit einem
der Werke der heiligen Teresia, genauer gesagt, des Haupt-
werkes Teresias: "**Die Seelenburg**".

In ihrem philosophischen Werk "Endliches und Ewiges Sein"
hatte Edith Stein "die Seelenburg" kurz ins Auge gefaßt(78)
und dazu schrieb sie einen noch etwas ausführlicheren
Anhang, der aber nicht zusammen mit dieser Schrift veröffentlicht worden ist(79).

----

78 Edith Stein: "Endliches und Ewiges Sein" Kap. VII:
    Das Abbild der Dreifaltigkeit in der Schöpfung. § 3.
    Das menschliche Personsein. N. 3. Leib, Seele, Geist.
    'Die Seelenburg' S.342-345.

79 Dieser Anhang bietet eine Darlegung (hauptsächlich in
    Zitaten) der wesentlichen Gedanken und Leitsätze an,
    die die heilige Teresia in der 'Seelenburg' ausspricht.

Den Zugang zu diesem Anhang (zusammen mit dem, der die
Existentialphilosophie Martin Heideggers behandelt(80)) haben wir den Herausgebern der "Edith Steins Werke" zu
verdanken, die solche Anhänge im Band VI. der eben genannten Ausgabe veröffentlichten(81).

----

80 Diese Auseinandersetzung mit der von Martin Heidegger
    entwickelten 'Existentialphilosophie' entstand als zwei-
    ter Anhang zu den Werken "Endliches und Ewiges
    Sein". Er wurde zweifelsohne nach dem Abschluß des
    Werkes geschrieben, wie auf Grund eines Briefes an
    Hedwig Conrad Martius bewiesen werden kann: "Seit
    vielen Wochen plage ich mich mit einem Anhang über
    Heideggers Existenzphilosophie" (Köln-Lindenthal 20.8.
    1936). Auch im Vorwort des "Endliches und Ewiges
    Sein" erzählt die Verfasserin, wie und warum dieser
    Anhang entstanden ist: "Schließlich ist noch ein Wort
    über das Verhältnis dieses Buches zu den bedeutsam-
    sten Versuchen einer Grundlegung der Metaphysik zu
    sagen, die in unserer Zeit gemacht worden sind: zu
    Martin 'Heideggers Existenzphilosophie' und ihrem Ge-
    genbild, der 'Seinslehre', die uns in den Schriften
    von H. Conrad Martius entgegentritt..... Erinnerungen,
    die... von der Beschäftigung mit Heideggers großem
    Werk ("Sein und Zeit") zurückgeblieben waren, sind
    wohl gelegentlich bei der Arbeit an dem vorliegenden
    Buch aufgetaucht. Aber erst nach seinem Abschluß er-
    gab sich das Bedürfnis, diese beiden so verschiedenen
    Bemühungen um den Sinn des Seins gegenüberzustellen.
    So ist der Anhang über Heideggers Existenzphilosophie
    entstanden". Edith Stein: "Endliches und Ewiges Sein"
    Vorwort. S.XII.

81 Edith Steins Werke. Band VI. 'Welt und Person'. Bei-
    trag zum christlichen Wahrheitsstreben. Louvain-Frei-
    burg. 1962. Zusammen mit den Aufsätzen über Heideg-
    ger, über die 'Seelenburg' der heiligen Teresia von
    Avila und über "Die ontische Struktur der Person..."
    sind noch drei Aufsätze veröffentlicht: "Die weltan-
    schauliche Bedeutung der Phänomenologie", "Natur und
    Gnade in Goethes 'Faust'" und "Zwei Betrachtungen
    zu E. Husserl" ('Husserls transzendentale Phänomeno-
    logie' und 'Die Krisis der europäischen Wissenschaft
    und die transzendentale Phänomenologie').

Edith Stein entdeckt in der "Seelenburg" das mystische Hauptwerk der hl. Teresia von Jesus und anhand der Gedanken, die dort vorliegen, versucht sie einen Vergleich mit ihren eigenen Ausführungen über den Bau der menschlichen Seele. Sie sagt ausdrücklich, man könne nicht ein treffendes Bild der Seele geben, ohne zu untersuchen, was ihr innerstes Leben ausmacht. Und um dies zu erfahren, müssen wir uns auf die Zeugnisse der großen Mystiker und der großen Vertreter des Gebetslebens stützen." Als solches Zeugnis ist "Die Seelenburg" unübertroffen"(82).

Bei der "Seelenburg" handelt es sich nicht um eine wissenschaftliche Untersuchung der Mystik oder um eine systematische Skizzierung des mystischen Lebens, sondern vielmehr um die Darstellung von dem, was die Heilige selbst in ihrem Gebetsleben erlebt hatte. Sie sollte ein 'religiöspraktisches Ziel' erfüllen, nämlich die Führung des geistlichen Lebens der Mitschwestern, die sich, ebenso wie sie, in den beschaulichen Dienst für Gott mit Leib und Seele gestellt hatten.

Wie fast alle mystischen Erfahrungen waren die der hl. Teresia von Avila Gotteserfahrungen in der Tiefe der Innerlichkeit. Es ist sehr schwierig und kompliziert (gerade vielleicht aufgrund der 'Einfachheit' dieser Erfahrungen) solche Gottesbegegnungen in menschlichen Worten zu fassen und in grammatikalische Strukturen zu pressen. Bei Teresia jedoch fließen die Sensibilität der Mystikerin und die Genialität der Dichterin zusammen, und so ist es ihr wohl gelungen, ihren Schwestern und uns einen erbauenden Bericht ihrer dialogischen Beziehung zu Gott zu übermitteln. Aus methodologischen und pädagogischen Gründen mußte sie aber, um zu beschreiben, was im Inneren des Menschen vorgeht, auch beschreiben, was dieses Innere eigentlich sei. Dafür schlägt sie ein treffendes und erleuchtendes Bild vor: 'Eine Burg, die viele Wohnungen und Gemächer hat'.

Ich muß hier leider auf eine detaillierte Behandlung der "Wohnungen" der hl. Teresia verzichten; ich möchte aber auf keinen Fall darauf verzichten, dem Leser dieser Arbeit dringend zu empfehlen, das Buch in die Hand zu nehmen, und sich von der mystischen Tiefe der großen spanischen Heiligen führen zu lassen.

----

82   Edith Stein: "Die Seelenburg" E.S.W. Bd. VI. S.39.

Der Anhang von Edith Stein über "Die Seelenburg" bietet uns eine doppelte Darstellung an. Die Darstellung der hl. Teresia von Jesus selbst und die eigene Darstellung Edith Steins. Die Darstellung der hl. Teresia wird von Edith Stein ganz eng an die Texte der Heiligen angelehnt, und deshalb werde ich mir erlauben, manchmal selbst kurz auf den ursprünglichen Text einzugehen(83).

---

83 Vgl. Santa Teresa de Jesús: "Obras Completas" Editorial Espiritualidad. Madrid 1976. "El Castillo interior" o "Las Moradas".

1. DIE DARSTELLUNG DER HEILIGEN TERESIA VON JESUS

Teresia schreibt "Die Seelenburg" ursprünglich für ihre Mitschwestern, und sie wird nicht nur als bloße Formalität den Unbeschuhten Karmelitinnen gewidmet(84). Sie hat die Absicht, ihre mystischen Erfahrungen mitzuteilen, zwar nicht gerade aus eigener Initiative, sondern vielmehr aus Gehorsam P. Gracián und ihrem damaligen Beichtvater, Dr. Velazques, gegenüber(85).

Die Heilige beschreibt die Seele als "eine Burg, die ganz aus einem Diamant oder einem sehr klaren Kristall besteht und in der es viele Gemächer gibt, gleichwie im Himmel viele Wohnungen sind. Denn, wenn wir es recht betrachten, Schwestern, so ist die Seele des Gerechten nichts anderes als ein Paradies, in dem der Herr, wie er selbst sagt, seine Lust hat".(86) Was sind aber diese "Wohnungen"

----

84 "Este tratado llamado 'Castillo interior', escribió Teresa de Jesús, monja de nuestra Senora del Carmen a sus hermanas y hijas, las monjas carmelitas descalzas" Widmung in: Santa Teresa de Jesús: "Obras Completas" S.860.

85 In dieser Zeit zählte die Heilige 62 Jahre (1577). Dr. Velazques war Kanoniker in Toledo, zukünftiger Bischof von Osma und Erzbischof von Santiago de Compostela. Am Anfang des Prologs sagt Teresia: "Pocas cosas me ha mandado la obediencia, que se me han hecho tan dificultosas como escribir ahora cosas de oración". Damit bestätigt sie den Gehorsamscharakter dieses Schreibens.

86 "Considerar nuestra alma como un castillo todo de un Diamante o muy claro cristal adonde hay muchos aposentos, así como en el cielo hay muchas moradas; que si bien lo consideramos hermanas, no es otra cosa el alma del justo sino un paraiso adonde dice el tiene sus delicias". Santa Teresa de Jesús: "Obras Completas" S.864. Die deutschen Übersetzungen stammen aus: Teresa von Avila: "Die innere Burg". Hrsg. und Übersetzer: Fritz Vogelsang. Diogenes. Zürich. 1979.

oder "Moradas"? Es wäre sinnlos, eine Definition von der heiligen Teresia zu verlangen. Sie glaubt fest daran, daß es manchmal nicht möglich ist, die Dinge der Seele zu 'de-finieren', denn diese Dinge muß man sich immer in Fülle und Weite und Größe denken(87). Man zählt sieben Wohnungen, es sind aber in der Tat viel mehr, "weil jede einzelne von ihnen doch viele umschließt – oben, unten und zu allen Seiten – mit hübschen Gärten und Brunnen und labyrinthischen Wandelgängen"(88). Wie man sieht, definiert Teresia die Wohnungen nicht, sie macht aber Gebrauch von der dichterischen Sprache und beschreibt sie.

Bei der Betrachtung der Wohnungen in der Seele ist es auch wichtig, die Entsprechung zu bemerken, die sie mit den Wohnungen im Himmel haben, die Christus im Haus des Vaters für uns vorbereitet. (Joh. 14,2) Dazu müssen wir uns aber eine Weile mit dem Buch der "Klosterstiftungen" befassen(89). Im 14. Kapitel, Nummer 5. sagt sie: "Wir werden erfahren, daß wir in der Ewigkeit um so mehr Genuß finden, je weniger wir hier besessen haben; dort werden die Wohnungen der Liebe entsprechen, mit der wir hier das Leben unseres guten Jesus nachgeahmt haben".(90)

----

87 "Pues las cosas del Alma se han de considerar con plenitud, anchura y grandeza". Teresa de Jesús: "Obras Completas" Primera Morada. Cap. 2. N. 8.

88 "Aunque no se trata mas que de siete moradas, en cada una de estas hay muchas, en lo bajo, en lo alto y a los lados. Con lindos jardines y fuentes y laborintios" Santa Teresa de Jesús: "Obras Completas" Conclusión. N. 3. S.1064.

89 Santa Teresa de Jesús: "Obras Completas". Editorial Espiritualidad. Madrid. 1976: "Libro de las Fundaciones". S.383-635. In deutscher Übersetzung: "Das Buch der Klosterstiftungen" in: Theresia von Avila: "Sämtliche Schriften" Band II. Kösel. München 1935.

90 "...todo se nos hará suave viendo que mientras menos tuvieremos acá mas gozaremos en aquella eternidad, a donde son las moradas conforme al amor con que hemos imitado la vida de nuestro buen Jesús". Santa Teresa de Jesús: "Libro de las Fundaciones" 14, 5. In: "Obras completas" S.468.

Ich möchte an dieser Stelle zusammen mit ihr das Wort
"Liebe" betonen. In der mystischen Erfahrung und in der
Führung eines mystischen Lebens geht es nicht primär um
die Aufklärung des Denkens oder um die Deutlichkeit der
Erkenntnis, weil "der Fortschritt der Seele nicht im vielen
Denken besteht, sondern im vielen Lieben"(91). Selbst in
der "Seelenburg" bringt Teresia diese Grundidee ihrer
Mystik zur Sprache, als sie behauptet, daß, wenn man auf
dem Weg des Gebetes gut vorankommen "und zu den ersehn-
ten Wohnungen emporsteigen will, es nicht darauf ankommt,
viel zu denken, sondern viel zu lieben"(92). Darum sollen
wir das tun, schließt Teresia, was die Liebe am meisten
erweckt. Der große Mystiker und Freund von Teresia, Johannes vom Kreuz, geht auch nicht an diesem Grundgedanken vorbei, und in der Erklärung eines seiner schönsten
Gedichte ("Llama de Amor viva" – "Flamme lebendiger Liebe") trifft er die präzisesten Worte, die Wohnungen zu bezeichnen ("De mi alma en el mas profundo centro" – "In
meiner Seele allertiefstem Grunde") und die Rolle der Liebe
in der Tiefe der Seele darzustellen ("Cuan delicadamente
me enamoras" – "Wie zart läßt Du in Liebe mich entbrennen"). Edith Stein bezieht das Gedicht in die Analyse des
Werkes des Johannes vom Kreuz ein, und ich werde später
diesbezüglich noch etwas sagen. Jetzt aber zu den einzelnen Wohnungen.

---

91 "El aprovechamiento del alma no está en pensar mucho
    sino en amar mucho". Santa Teresa de Jesús: "Libro
    de las Fundaciones" Capítulo 5. N. 2. Man kann nicht
    darauf verzichten, wenigstens dieses Kapitel zu empfeh-
    len, wenn man wissen will, wo der Kern des vollkomme-
    nen Geistes steht.

92 "Solo quiero que esteis advertidas que para aprovechar
    mucho en este camino y subir a las moradas que
    deseamos, no está la cosa en pensar mucho sino en
    amar mucho". Santa Teresa de Jesús: "Obras Comple-
    tas" Cuarta Morada. Capítulo 1. N. 7.

A. DIE ERSTE WOHNUNG

Die erste Wohnung ist die Wohnung der Selbsterkenntnis.
"Man kann nicht die Augen zu Gott erheben, ohne sich der
eigenen Niedrigkeit bewußt zu werden. Gotteserkenntnis
und Selbsterkenntnis stützen sich gegenseitig. Durch die
Selbsterkenntnis nähern wir uns Gott"(93).

In dem Zustand der ersten Wohnung befindet sich die Seele, die durch die Tür des Gebetes in die Burg eingetreten
ist. Das ist nur ein erster Schritt und die Seele ist dabei
von Gott noch sehr entfernt, insofern sie noch mit vielen
'wilden Tieren' zusammen lebt. Es ist aber schon sehr
positiv, daß sich die Seele dazu entschlossen hat, den Weg
der göttlichen Innerlichkeit zu gehen.

Das Leben in dieser Wohnung ist außerdem nicht nur für
die Anfänger notwendig, sondern für alle, die in der Burg
leben, weil die Selbsterkenntnis eine notwendige Voraussetzung für die Anerkennung der eigenen Schwäche und die
beste Demutsübung ist.

B. DIE ZWEITE WOHNUNG

Die erste Wohnung war eine in sich abgeschlossene Welt,
in der die Seele allein mit sich selbst zurechtkommen muß.
Die zweite Wohnung dagegen ist ein Ort, wo die Seele die
Stimme Gottes zu hören bekommt. Manchmal leise, manchmal
etwas lauter, aber immer noch mit den vielen Störungen

----

93   Edith Stein: Die Seelenburg" E.S.W. Bd. VI. S.
      41.

des Kampfes gegen die Welt 'von außen'(94). Diese Stimme Gottes ist in der zweiten Wohnung nicht 'direkt' zu hören und darunter sind auch nicht innere Auditionen zu verstehen. Es handelt sich eher um "Worte, die wir von guten Menschen hören oder Predigten oder Lektüre guter Bücher, sowie vielen anderen Dingen, von denen ihr gehört habt, daß Gott durch sie die Menschen ruft"(95). Die Seele lebt immer noch mit und in der Welt, aber die Stimme Gottes drängt sie, nach innen einzukehren. Wenn es ihr gelingt, diese erste Einkehr nachzuvollziehen, wird sie auch in die nächste Wohnung eintreten können.

C. DIE DRITTE WOHNUNG

Wenn die Seele als Siegerin aus den Kämpfen der zweiten Wohnung heraustritt, tritt sie in die dritte Wohnung ein, "wo die Seelen sich aufhalten, die sich die Rufe Gottes zu Herzen genommen haben und nun dauernd bemüht sind, ihr Leben nach Gottes Willen zu ordnen"(96). Dazu gehören die Leute, die sich immer wieder bemühen, kleine Fehler zu vermeiden und ein asketisches Leben zu führen; nur das reicht aber nicht, wie es uns die Lebensgeschichten von

----

94 "Doch die Schlacht, welche die Dämonen uns hier mit tausenderlei Waffen liefern, ist entsetzlich und schmerzlicher für die Seele als alles zuvor... Hier ist die Vernunft lebendiger, die Geisteskräfte sind wendiger, und die Hiebe sausen so heftig hernieder, die Geschütze donnern so mächtig, daß die Seele es nicht mehr überhören kann" Theresia von Avila: "Die innere Burg" (Die Seelenburg) 2. Wohnung. Kap. 1. Op. cit. Anm. 86. S.38-39.

95 "...palabras que oyen a gente buena, o sermones, o con lo que leen en buenos libros y cosas muchas que habeis oido por donde llama Dios..." Santa Teresa de Jesús: Segunda Morada" Capítulo 1 No. 3.

96 Edith Stein: "Die Seelenburg". E.S.W. Bd. VI. S.42.

vielen beweisen, die diese dritte Station erreicht haben, aber trotzdem wieder in die Welt der Sünde gefallen sind. Darum rät Teresia ihren Schwestern, sich nicht deswegen in Sicherheit zu wiegen: "Haltet euch nichts zu gut auf die Abgeschlossenheit, in der ihr lebt, noch auf eure Bußübungen. Auch sollt ihr nicht in Sicherheit wähnen, weil ihr immer von Gott redet, euch ständig im Gebet übt ... das ist alles gut, doch es genügt nicht, um uns von der Angst zu befreien"(97).

In dieser Wohnung betont Teresia ganz besonders die Gebetspraxis und die Übungen der Tugend und deutet auch an dieser Stelle die Möglichkeit an, daß auch hier einige Tröstungen natürlichen Charakters erfahren werden können. Edith Stein versucht sofort, das Wort "natürlich" zu erklären, weil es für sie keinen Gegensatz zwischen Natur und Gnade geben kann. Das 'von oben' wird ein 'von innen', und so wird die Innerlichkeit der Seele durch die Gnade geführt. "Jede Anregung, die den Menschen zur Einkehr bei sich selbst bewegt und auf den Weg zu Gott bringt, ist als eine Wirkung der Gnade anzusehen, auch wenn dabei natürliche Ereignisse und Beweggründe als Werkzeuge benützt werden"(98). Bis jetzt ist noch alles irgendwie erklärbar. Wir können im Verstand aufnehmen, was in uns geschieht; in der vierten Wohnung aber werden wir schon dem Übernatürlichen begegnen(99), der ersten Stufe der mystischen Gnadengaben.

----

97 "No hagais caso del encerramiento y penitencia en que vivis, ni os asegure el tratar siempre de Dios y ejercitaros en la oración tan continuo..., bueno es todo eso mas no basta, como he dicho, para que dejemos de temer" Santa Teresa de Jesús: "Tercera Morada". Capîtulo 1. No. 4.

98 Edith Stein: "Die Seelenburg" E.S.W. Bd. VI. S.43.

99 "... sobrenatural llamo yo lo que con mi industria ni diligencia no se puede adquirir, aunque mucho se procure, aunque disponerse para ello si." Santa Teresa de Jesús: "Cuentas de Conciencia" 54a. No. 3. In: "Obras Completas" S.1118.

D. DIE VIERTE WOHNUNG

"Hier fangen die übernatürlichen Dinge an, und es ist höchst schwierig, sie begreiflich zu machen"(100). Es ist eine Stufe der Seele, in der ganz selten 'giftige' Versuchungen eintreten, und wenn es der Fall ist, werden sie zugunsten des Weges der Vollkommenheit umgewandelt. In der Nummer 4 der vierten Wohnung fängt die hl. Teresia an, über die Freude und die Süße des Gebetes zu berichten. Die übernatürlichen Dinge und die neuen Erfahrungen, die die Seele hier macht, haben ihren Ursprung nicht mehr in der Natur der Seele selbst, wie einige Freuden und Befriedigungen, die sie im Gebet spürt; die Wonnen der mystischen Erfahrung "beginnen in Gott und die Natur empfindet sie und genießt sie genauso sehr, wie die Freuden, ja noch viel mehr"(101).

Zwei Dinge sind in dieser Wohnung noch wichtig, nämlich das Gebet der Ruhe und die Vorbereitung dazu, die eine 'Sammlung' ist, die schon viele übernatürliche Elemente beinhaltet. Diese Sammlung oder 'sanfte Zurückziehung in das Innere' ist ganz und gar Sache Gottes. Man sollte nicht denken, daß sie durch den Verstand erworben werden kann, indem man Gott in der Seele gegenwärtig machen will. Die Heilige meint etwas ganz anderes. Es ist ein geheimnisvoller Vorgang der Gnade, der oft von der Seele erst erkannt wird, wenn das Gebet der Ruhe denen zuteil wird, die in dem Zustand der vierten Wohnung sich befinden.

----

100 "Pues aquî comienzan a ser cosas sobrenaturales y es dificultosîsimo de dar a entender" Santa Teresa de Jesús: "Cuartas Moradas" Capîtulo 1. No. 1.

101 "Los gustos comienzan de Dios y siéntelos el natural y goza tanto de ellos como gozan los que tengo dichos y muchos mas" Santa Teresa de Jesús: "Cuarta Morada" Capîtulo 1. No. 4.

Das Gebet der Ruhe(102) ist zugleich Gipfel der vierten Wohnung und Übergang zu der fünften Wohnung, wo die erste wirkliche Vereinigung mit Gott stattfinden soll. Eine Seele, die der Herr in diese Wohnung versetzen wollte, kann nichts besseres tun, als 'ohne alle Gewalt und ohne alles Geräusch' das Nachdenken einzuhalten, nicht aber den Verstand oder das Denkvermögen aufzuheben suchen.

E. DIE FÜNFTE WOHNUNG

Hier wird die Ausdrucksschwierigkeit so groß, daß man in die Versuchung gerät, nicht mehr zu schreiben(103). Es ist nur mit Hilfe des Lichtes Gottes möglich, darüber zu berichten(104). Das Zentrum dieser Wohnung ist das Gebet der Vereinigung, "ganz wach für Gott, für die Dinge dieser Welt aber und für sich selbst ganz eingeschlafen sein,

----

102 Edith Stein nimmt die Bezeichnung, die die heilige Teresa eigentlich in dem "Libro de la Vida" ("Buch des
Lebens") gebraucht hatte (Vgl. 'Vida' Kap. 14-15).
Dazu 4. Wohnung Kap. 2 N. 2: "... Was ich die Wonnen Gottes nenne, habe ich anderswo 'Gebet der Ruhe'
geheißen..."

103 "Oh hermanas: como os podrîa decir yo la riqueza y
tesoros y deleites que hay en las quintas moradas?
Creo fuera mejor no decir nada de las que faltan
pues no se ha de saber decir, ni el entendimiento lo
sabe entender, ni las comparaciones pueden servir de
declararlo por que son muy bajas las cosas de la
Tierra para este fin" Santa Teresa de Jesús: "Quinta
Morada" Capîtulo 1. No. 1.; "O Schwestern, wie könnte ich euch den Reichtum und die Schätze und Wonnen
sagen, die es in der fünften Wohnung gibt? Ich glaube, es wäre besser, von allem weiteren gar nichts zu
sagen; denn es ist unmöglich, es auszudrücken und
der Verstand kann es nicht begreifen und kein Vergleich reicht aus, es zu erklären, weil die Dinge der
Erde dafür viel zu niedrig sind".

104 "Enviad Senor mio del Cielo luz para que yo pueda
dar alguna a estas vuestras siervas". Santa Teresa

denn während der ... Dauer der Vereinigung ist sie (die Seele) wie von Sinnen, sodaß sie, auch wenn sie es wollte, an nichts denken kann, ... hier liebt sie nur, weiß aber, wenn sie liebt, nicht einmal, wie sie liebt, noch was das ist, was sie liebt, noch was sie möchte. Kurz, die Seele ist hier der Welt ganz abgestorben, um desto mehr in Gott zu leben"(105).

Aus diesem Gebet der Vereinigung entspringt auch eine absolute Gewißheit, daß Gott und nicht nur eine bloße Einbildung der Phantasie bei uns gewesen ist(106). In dem betreffenden Augenblick sieht die Seele diese Gewißheit vielleicht nicht, weil sie nichts versteht und an nichts denken kann, nachher aber verbleibt in der Seele eine Sicherheit, die nur Gott ihr eingeben kann.

Die tatsächliche Vereinigung ist ja Gottes Sache, die Seele ist aber immer imstande, eine vorbereitende Arbeit zu leisten ("dispositio"), was in der fünften Wohnung mit dem Gleichnis des Seidenwürmleins erklärt wird(107). Die Wirkungen, die die Seele hier erfährt, sind groß und unbeschreiblich, und wenn jemand nicht dazu kommt, braucht er sich auch keine Sorgen zu machen. Die hl. Teresia gibt zu, daß die ganze Beschreibung immer komplizierter wird

----

de Jesús: "Quinta Morada" Capîtulo 1. No. 1: "Sende mir Licht vom Himmel, mein Herr, damit ich etwas davon diesen deinen Dienerinnen mitteilen kann".

105   Edith Stein: "Die Seelenburg" E.S.W. Bd. VI. S.46.

106   "Dios se fija a si mismo en lo interior de aquel alma de tal manera que cuando torna en si en ninguna manera pueda dudar que estuvo en Dios y Dios en ella". Santa Teresa de Jesús: "Quinta Morada" Capîtulo 1. No. 9.;: "Dabei verbindet sich Gott selber mit dem Inneren dieser Seele so, daß sie, wenn sie wieder zu sich kommt, keinesfalls daran zweifeln kann, daß sie in Gott war, und Gott in ihr".

107   Vgl. "Fünfte Wohnung" Kap. 2.

(108) und fährt weiter fort: "Da es so viel Gewinn bringt,
wenn man dorthin gelangt, wäre es nicht gut, wenn ich
den Eindruck erwecke, als bestünde für die, denen der
Herr nicht solch übernatürliche Dinge zuteil werden läßt,
keine Hoffnung, denn die wahre Vereinigung kann man –
mit Gottes Gunst – sehr wohl erlangen, wenn wir mit Eifer
danach streben, auf unseren eigenen Willen zu verzichten,
und uns nur an das halten, was Gottes Wille ist"(109).
Diese ist ja die einzige Möglichkeit, damit das Seidenwürm-
lein zum Schmetterling wird.

F. DIE SECHSTE WOHNUNG

Edith Stein schließt die Erklärung der fünften Wohnung
mit der Feststellung, daß es offenbar zwei Wege zur Vereinigung mit Gott und damit zur Vollkommenheit der Liebe
gibt. "Ein mühsames Emporklimmen durch eigene Anstren-
gung, freilich mit Gottes Gnadenhilfe, und ein Emporgetra-
genwerden, das viel eigene Arbeit erspart, dessen Vorbereitung und Auswirkung aber doch an den Willen hohe Anfor-
derung stellt"(110). Damit wird die sechste Wohnung eingeleitet, in der die "mystische Verlobung" mit Christus stattfindet.

Was bis dahin nur Vorbereitung war, ist jetzt Verwirklichung. Die Seele ist absolut in allem entschlossen, den
Willen ihres Bräutigams zu tun, und der Bräutigam, der
ihre Liebe sehr gut kennt, findet an ihr sein Wohlgefallen.

Der letzte Schritt ist jedoch damit noch nicht getan; die
Sehnsucht der Seele verlangt noch nach der dauernden

----

108   "Pareceme que queda algo oscura con cuanto he dicho
      esta morada" Santa Teresa de Jesús: "Quinta Morada"
      Capîtulo 3. No. 3.; "Es scheint mir, daß nach allem,
      was ich gesagt habe, diese Wohnung für euch noch
      immer etwas dunkel bleibt".

109   Santa Teresa de Jesús: "Quintas Moradas" Kap. 3. N.
      3.

110   Edith Stein: "Die Seelenburg" E.S.W. Bd. VI. S.50.

Vereinigung, die nach inneren und äußeren Kämpfen und Leiden in der siebten Wohnung gewährt werden soll.

Die heilige Teresia beschreibt diese inneren(111) und äuße-ren(112) Kämpfe, zu denen die Unfähigkeit zu beten, die Trockenheit des Herzens, Krankheit und Leiden gehören. Das bedeutet aber nicht, daß der Herr sich nicht zärtlich und liebevoll immer wieder fühlen läßt. "Es sind ja so zarte, feine Antriebe, die vom tiefsten Inneren der Seele ausgehen, daß ich keinen passenden Vergleich dafür nen-nen kann"(113). Schließlich, nach so langer Vorbereitung und Liebesspiele, kommt die Zeit der Verlobung. Hier ge-rät die Seele manchmal in die Ekstase des Anschauens Gottes und der Wohnungen des Himmels, die sie als Eben-bild in sich selbst hat. Der Zugang zu der siebten Woh-nung, die sich nicht ganz von der sechsten unterscheiden läßt, wird damit gegeben. Der Herr nimmt die Seele zur Braut und führt sie in seine eigene Wohnung, ins Zentrum der Burg, wo die geistige Vermählung vollzogen werden soll.

G. DIE SIEBTE WOHNUNG

Das Einwohnen in dieser Wohnung geschieht in einer Ver-standesvision. Gott zeigt sich der Seele (gleichsam als Darstellung der Wahrheit) als die Heilige Trinität, in allen drei 'Gestalten', und durch eine wundersame Wahrnehmung

----

111 Santa Teresa de Jesús: "Sexta Morada" (Sechste Woh-nung) Kap. 1. N. 3-6.

112 Santa Teresa de Jesús: "Sexta Morada" (Sechste Woh-nung) Kap. 1. N. 8-13.

113 Santa Teresa de Jesús: "Sexta Morada" (Sechste Woh-nung) Kap. 2. N. 1.

begreift die Seele, daß alle drei Gestalten nur ein Wesen, ein einziger Gott sind(114). Die heilige Teresia beschreibt mit sorgfältiger Genauigkeit den Verlauf dieser Begegnung in der Seele(115), und schließt dann das erste Kapitel mit der Bestätigung, daß sie die wunderbare Gesellschaft der Dreieinigkeit nie mehr verlassen wird. Das zweite Kapitel stellt den Gipfel der göttlichen und geistlichen Vermählung dar(116). Die Seele wird von allen Leiden gelöst und empfängt die göttliche Trinität in ihrem innersten Mittelpunkt, an dem Ort, wo Gott selbst wohnen muß. Die letzte mögliche Vereinigung zwischen Gott und der Seele wird hier vollzogen. Die Wonnen und die geistigen Süßigkeiten sind hier von einer anderen Art als in den anderen Wohnungen; sie überströmen auch die Seele selbst und ergießen sich über alle Kräfte des Menschen.

Eine weitere Wirkung, die die Seele bei der Vermählung spürt, ist ein solches Selbstvergessen ihrer selbst, daß es scheint, sie hätte aufgehört, zu sein. Die Seele spürt zudem ein großes Verlangen zum Leiden, aber nicht so, daß es sie beunruhigt, sondern daß sie sich ganz mit dem Heiland identifizieren und nur den Willen Gottes geschehen lassen will. Auf diese Weise wird jedes Leiden, das von Gott kommt, reine Erfüllung des göttlichen Willens. Dieses Verlangen führt auch die Seele zu einer so großen Sehnsucht nach der ewigen Vereinigung mit Gott, daß sie "muere por que no muere" (Vgl. "Ohn' in mir zu leben, leb' ich;...Und ich sterb' darum, weil ich nicht sterbe".)

----

114   "Dios Quiere .... que vea por visión intelectual, por cierta manera de representación de la Verdad, se le muestra la Santîsima Trinidad, todas tres Personas ... y por una noticia admirable que se da al alma, entiende con grandîsima verdad ser todas tres personas una substancia... y un solo Dios." Santa Teresa de Jesús: "Septima Morada" Capîtulo 1. N. 6.

115   Santa Teresa de Jesús: "Septima Morada" (Siebte Wohnung) Kap. 1. N. 7-8.

116   Santa Teresa de Jesús: "Septima Morada" (Siebte Wohnung) Kap. 2. N. 1.

Zärtlichkeit, Liebe, Glück, alles was sie sich erwarten kann, erfüllt sie und noch mehr. Gott selbst hat eine Wohnung in ihr. Er wohnt bei ihr in der Ruhe, in der Stille, in dem tiefsten "silentium" der Innerlichkeit.

2. DIE DARSTELLUNG EDITH STEINS

Edith Stein räumt ein, daß es nicht möglich sei, das Reich der Seele und den Weg bis zur siebten Wohnung mit besseren Worten zu bezeichnen. Sie möchte aber trotzdem untersuchen, was ihre eigene Behandlung der Seele und des Geistes(117) mit dieser Darstellung gemeinsam hat, und was diesbezüglich zu unterscheiden wäre.

"Gemeinsam ist vor allem die Auffassung der Seele als eines weitausgedehnten Reiches, in dessen Besitz der Eigentümer erst gelangen muß, weil es dem Menschen von Natur aus ('hier ist die gefallene Natur gemeint') eigen ist, sich an die Außenwelt zu verlieren"(118). Man muß aber doch zwischen einer "sachlichen Hingabe", die bis zur Selbstvergessenheit geht, und die Hinwendung in das Innere nicht unbedingt ausschließt, und der "sündhaften Verstrickung" in die Dinge der Welt, die normalerweise jeden Zugang zu der tiefsten Innerlichkeit der Seele absperrt, unterscheiden.

Was Edith Stein hier am meisten beschäftigt, ist die grundsätzliche Frage, ob die Darstellung der heiligen Teresia über die Seele als Ort der Einwohnung Gottes und das Gebet als die Tür zur Innerlichkeit, die einzigen Möglichkeiten sind, der Seele einen Sinn zu geben und zum Inneren dieser Seele zu gelangen. Sie neigt zweifellos dazu, beide Möglichkeiten zu bejahen, ohne jedoch andere Möglichkeiten auszuschließen.

Man kann, zum Beispiel, eine bestimmte Parallelität (Thomas würde sagen: "analogia proportionalitatis" Ver. q.2, a.11, c.) zwischen dem Stufenbau der geschaffenen Welt und den verschiedenen Wohnungen der menschlichen Seele feststellen. Wenn wir jetzt von der Tatsache ausgehen, daß diese Seele auch Ebenbild Gottes ist, kann man wohl sagen, daß die Seele ein Mittelpunkt zwischen Schöpfer und Schöpfung ist und in ihren letzten Tiefen auch ein Bild der Schöpfung zu gewinnen ist. Insofern hat sie einen Sinn, der, obwohl nicht ganz unabhängig von der Ebenbildlichkeit Gottes ist, auch nicht mit ihr absolut identifi-

----

117   Vgl. in dieser Arbeit S.45 ff.

118   Edith Stein: "Die Seelenburg" E.S.W. Bd. VI. S.61.

72

ziert werden kann. Als Geist hat die Seele auch von sich
selbst Kenntnis; sie ist 'selbstbewußt' und sie kann sich
in ihrem Selbstbewußtsein wahrnehmen, ohne unbedingt
durch die Pforte des Gebetes gehen zu müssen. Die Seele
kann sich auch in einem Reflexionsakt erkennen, indem
sie die anderen Menschen und die äußere Realität betrach-
tet und dann wieder zu sich kommt. Dies sind 'Eingehens-
möglichkeiten' der Seele zu sich selbst, die zwar nicht
die Gewißheit des Einwohnens Gottes in der Seele besitzen,
aber deren Geltung nicht geleugnet werden kann.

Seitens der Wissenschaft ist die Psychologie die vielver-
sprechende Antwort auf diese Probleme, nicht aber die
"Psychologie ohne Seele" der Empiristen des 19. Jahrhunderts, die gerade das Wesentliche nicht durchschaut hat.
Sie sind draußen, außerhalb der Ringmauern der Burg
geblieben, ohne das Eigentliche, das Höchste, das Tiefste,
das Wesentliche, mit einem Wort das **Geistliche** der Seele
in Betracht zu nehmen.

Bedeutet das etwa, daß in der Tat die einzige Möglichkeit,
einen Zugang zum Inneren der Seele zu finden, die Pforte
des Gebetes sei? Nein, das kann man nicht so sagen, wenn
man nicht nur in einem ganz engen Sinn sprechen will.
Die 'seelenlose Psychologie' war schon zur Zeit Edith
Steins von neuen philosophischen und psychologischen Strömungen, die nicht immer und unbedingt religiös geprägt
waren, ersetzt worden. So nennt Edith Stein zum Beispiel
Dilthey, Brentano oder Husserl, deren Schriften nicht den
Eindruck erwecken, als ob ihre Verfasser durch die Pforte
des Gebetes in die Erkenntnis des Inneren der Seele gegangen wären. Sie waren wohl keine von anderen Denk-
richtungen einflußfreien Autoren (Brentano war katholischer
Priester und Husserl hatte von ihm, ohne selbst die Theologie und Philosophie des Mittelalters studiert zu haben,
die Prägung der "philosophia perennis" bekommen); ihr
Zugang in die Seele kann aber schon als 'wissenschaftlich'
bezeichnet werden.

Ganz besonders erwähnt hier Edith Stein das Werk des
Münchener Phänomenologen Pfänder: "Die Seele des Menschen. Versuch einer verstehenden Psychologie". Sie schätzt
das Buch sehr, sie bleibt aber nicht unkritisch ihm gegenüber: "Wir stehen vor einem Rest des alten Rationalismus,
der keine Geheimnisse anerkennt, der von der Bruchstück-
haftigkeit alles geschöpflichen Erkennens nichts zu wissen
scheint und selbst das Geheimnis des Verhältnisses der

Seele zu Gott vollkommen entschleiern zu können glaubt" (119). Sie hatte aber immerhin schon vorher gesagt, daß die Auffassung Pfänders von der Seele weitgehend mit der ihrigen übereinstimme(120).

Wenn wir hier Edith Stein weiter über die Wissenschaft und über die Psychologie reden lassen, entdecken wir bei ihr eine bewußte und sehr kluge "Erneuerin" bzw. (wenn das Wort dazu paßt!) "Reformatorin". Sie vermeidet nicht, zu sagen, daß die Psychologie des 19. Jahrhunderts "eine so unfaßliche Blindheit gegenüber dem seelisch Wirklichen gewahrt ... daß nicht bloß Verranntheit in gewisse metaphysische Vorurteile, sondern eine unbewußt leitende Angst vor einer Begegnung mit Gott, die Verblendung herbeigeführt und die Tiefen der Seele verhüllt haben mag"(121). Diese Ablehnung der 'Psychologie ohne Seele' bedeutet jedoch nicht, daß sie der wissenschaftlichen Analyse der Seele grundsätzlich ablehnend gegenübersteht, eher das Gegenteil, und deshalb verteidigt sie die Wiederentdeckung des Geistes und das Bemühen um eine echte Geisteswissenschaft vor allem gegen diese sogenannten Psychologen, die es für ungerecht halten, wissenschaftlich über die Seele zu schreiben oder zu arbeiten(122). Damit zeigt sie sich wieder als bewußte Verteidigerin der Wissenschaft sogar gegen pietistische Strömungen, die manchmal innerhalb der Kirche wachsen und immer wieder versuchen, die natur- und gottgemäßen Fortschritte zu stoppen.

----

119   Edith Stein: "Die Seelenburg" E.S.W. Bd. VI. S.66.

120   Edith Stein: "Die Seelenburg" E.S.W. Bd. VI. S.65.

121   Edith Stein: "Die Seelenburg" E.S.W. Bd. VI. S.66.

122   "... Und nicht nur die Geistigkeit und Sinnenerfülltheit des seelischen Lebens ist wieder zu ihrem Recht gekommen, man hat auch seine Wirklichkeitsgrundlage wiedergefunden, wenn es auch immer noch Psychologen gibt - erstaunlicherweise sogar gläubige Katholiken - die es für unerlaubt halten, in wissenschaftlichen Zusammenhängen von der Seele zu sprechen". Edith Stein: "Die Seelenburg". E.S.W. Bd. VI. S.64.

Wer sind aber diejenigen, die ganz in die Tiefe der Seele eingedrungen sind? Das sind die Menschen, "die mit einem heißen Herzen die Welt umfaßt hatten und dann durch die starke Hand Gottes aus der Verstrickung gelöst, und in das eigene Innere und Innerste hineingezogen wurden" (123). Solche Menschen haben auch einen Namen. Sie heißen Teresia, Johannes, Katharina, Augustinus oder Thomas und sie sind im tiefsten wesensverwandt (Edith Stein nennt hier die heilige Teresia und den heiligen Augustinus). Wesen und Oberfläche, Innerlichkeit und Phänomene der Seele wurden von ihnen erleuchtet in einer wunderbaren Betätigung der Selbsterkenntnis.

Hier ist nochmal eine Übereinstimmung zwischen Edith Stein und den Zeugnissen des Mystischen Lebens festzustellen. Einige Bereiche der Seele werden uns immer verborgen bleiben; die Möglichkeit aber, das Innere der Seele zu erkennen und zu beleuchten, wurde nie von den großen Meistern des Gebetes verleugnet. Kein allwissender Rationalismus, aber auch kein verdunkelter 'Mystizismus', der uns nicht mehr die Möglichkeit gibt, uns selbst zu erkennen. "Die Seele ist ein persönlich-geistiges Gebilde, darum ist ihr Innerstes und Eigentlichstes ihr Wesen, aus dem ihre Kräfte und das Wechselspiel ihres Lebens entspringen, nicht nur ein unbekanntes X, das wir zur Erklärung der erfahrbaren seelischen Tatsachen annehmen, sondern etwas, was uns aufleuchten und spürbar werden kann, wenn es auch immer geheimnisvoll bleibt"(124).

Gleich danach schlägt Edith Stein eine Unterscheidung vor, die zur Aufklärung der Einkehr der Seele in sich selbst dienen sollte. Es handelt sich um die Scheidung von Seele und Ich(125), wo "das Ich als beweglicher Punkt im Raum

----

123   Edith Stein: "Die Seelenburg". E.S.W. Bd. VI. S.66.

124   Edith Stein: "Die Seelenburg". E.S.W. Bd. VI. S.67.

125   Dazu noch: Edith Stein: "Endliches und Ewiges Sein" Kapitel II. § 6.: 'Das reine Ich und seine Seinsweisen' S.46 ff.; Kapitel VII. § 3. N. 1.: 'Ichleben und leiblich-seelisches Sein' S.337 ff. und Kapitel VII. § 3. N. 4.: 'Ich Seele, Geist, Person' S.445 ff.

der Seele erscheint"(126). Dieses Ich wird vom Gewissen erleuchtet, zusammen mit dem Teil der Welt, dem es zugewandt ist. Das Ich ist in der Seele als Subjekt der mystischen Begnadung zu Hause, und gleichzeitig stellt es das Zentrum der Person dar, und insofern ist es auch anthropologisches Substrat der freien und persönlichen Entscheidungen.

An dieser Stelle wird von Edith Stein die notwendige Übereinstimmung zwischen Natur und Gnade hervorragend dargestellt, indem sie den Ort der Entscheidungsfreiheit und den Ort der göttlichen Begnadung identifiziert. Das kann ja nur so sein, "weil zur liebenden Vereinigung mit Gott die freie persönliche Hingabe gehört"(127). Darum muß sich die Seele 'hingeben', um die tatsächliche Vereinigung mit Gott zu ermöglichen; das ist aber wiederum ein Geschenk, das wir von Gott in der Form der Gnade bekommen. Dieses Faktum verleugnet jedoch nicht, daß es möglich sei, "vom Mittelpunkt der Seele aus zu leben, sich selbst und sein Leben zu gestalten, ohne mystisch begnadet zu sein"(128).

Zuletzt zitiert Edith Stein ihre eigene Unterscheidung von Leib, Seele und Geist, von der wir schon kurz gesprochen haben(129) und stellt sie der Unterscheidung der heiligen Teresia zwischen Geist und Seele gegenüber. Wie man nochmal feststellen kann, ist die philosophische Prägung Edith Steins weitgehend bestimmend für ihre Mystik. Sie muß auch immer von diesen zwei Ausgangspunkten her gesehen werden. Ihre 'menschliche' und nicht zuletzt ihre philosophische Biographie findet in der Mystik die volle Übereinstimmung mit ihrer geistigen, präziser gesagt, mit ihrer "Gnadenbiographie". Beide sind, so wie Natur und Gnade, untrennbar. Beide setzen sich voraus und ergänzen sich gegenseitig. Beide bilden die transzendentale Einheit der Person, die im Hintergrund des Lebens und Werkes Edith Steins zu betrachten ist.

----

126 Edith Stein: "Die Seelenburg". E.S.W. Bd. VI. S.67.

127 Edith Stein: "Die Seelenburg". E.S.W. Bd. VI. S.67.

128 Edith Stein: "Die Seelenburg". E.S.W. Bd. VI. S.68.

129 Vgl. "Grundlagen der Stein'schen Mystik". In dieser Arbeit; Seite 45.

JOHANNES VOM KREUZ UND DIE WISSENSCHAFT DES KREUZES

PROLEGOMENA

Als Edith Stein sich gründlich mit den Werken Johannes vom Kreuz befaßt, befindet sie sich in der Abenddämmerung ihres irdischen Lebens. Ungefähr dreieinhalb Jahre nachdem sie nach Holland umgezogen war, beauftragten sie ihre Oberen, eine Darlegung der mystischen Gedankenwelt des hl. Johannes vom Kreuz anläßlich des 400. Jahrestages seiner Geburt zu erarbeiten(130). Einige Zeugnisse dieser Arbeit sind uns von der Verfasserin selbst in einigen ihrer Briefe überliefert worden(131). Gott könnte für ihr Leben kein besseres Ende vorbereiten; den letzten Aufstieg zum Berge Karmel, die letzte und tiefste Erfahrung des Glau-

---

130 Das Werk, das als Ergebnis dieser Untersuchung hervorgeht, ist: "**Kreuzeswissenschaft**" 'Studie über Johannes a Cruce' Louvain-Freiburg. 1950. E.S.W. Bd. I. Die Widmung des Werkes lautet: "Dem Kirchenlehrer der Mystik und Vater der Karmeliten JOHANNES VOM KREUZ, zum 400 Jahrestage seiner Geburt. 1542-1942, von Teresia Benedicta a Cruce. Unbeschuhte Karmelitin. (Edith Stein)".

131 Am 9. April 1942 schreibt Edith Stein aus Echt an Sr. Maria Ernst in Köln: "Ich muß alles sehr mühsam erarbeiten. Der Bauplan wird mir allerdings geschenkt, d.h. er enthüllt sich nach und nach ... Bei dieser Arbeit (Kreuzeswissenschaft) hatte ich außerdem in großer Erschöpfung oft das Gefühl, daß ich gar nicht zu dem durchstoßen konnte, was ich sagen und fassen wollte... Aber jetzt fühle ich wieder viel mehr Kraft. Vater Johannes gab auch wieder Anlaß zu einigen Ausführungen über Symbol... ich schreibe nur so wenig, weil ich alle Zeit für Vater Johannes brauche." In: Edith Stein: "Selbstbildnis in Briefen" Teil II, 1934-1942. E.S.W. Bd. IX. 172-173.

bens in der mystischen Vereinigung des Martyriums(132).
Das war der Gipfel ihrer philosophischen und theologischen
Bemühungen und gleichzeitig der Höhepunkt ihres Lebens,
der Punkt, in dem die Philosophie, die Theologie und die
Mystik die Einheit in ihrer Person erreichten, der Punkt
schließlich, in dem Natur und Gnade ihr kostbares Werk
vollendeten. Edith Stein fing nicht sofort mit der Studie
über Johannes vom Kreuz an, sondern versucht vorher,
die Grundlagen, die auf der Basis der mystischen Lehre
des Heiligen standen, zu erforschen, und auf diesem Weg
kommt sie zu Dionysius dem Pseudo-Areopagit. Am 13. Juni
1941 schreibt sie an Mater Petra Brüning, eine Ursuline
aus Dorsten: "Ich weiß nicht, ob ich Ihnen schrieb, daß
ich aus dem neuen Arbeitsgebiet zunächst eine kleine Vor-
arbeit machen sollte, als Beitrag für eine Zeitschrift
'Philosophy and Phenomenological Research', die seit vori-
gem Jahr von Husserlschülern an der Universität Buffalo
herausgegeben wird. Diese kleine Arbeit ('Wege der Gotteserkenntnis. Die "Symbolische Theologie" des Areopagiten
und ihre sachlichen Voraussetzungen) wird gegenwärtig von
Ruth K. getippt"(133).

----

132   "C'est une désastreuse illusion de chercher l'ex-
      perience mystique en dehors de la foi, d'imaginer
      une experience mystique affranchie de la foi theo-
      logale. La foi vive, illustrèe par les dons est le
      principe même de cette experience, et pour rappeller
      la parole royale de Saint Jean de la Croix, que nul
      commentaire philosophique ne praviendra à effecer,
      elle est le seul moyen prochain et proportioneè de
      l'union mystique". Martain, Jacques: "Distinger pour
      unir - ou - Les degrés du savoir" Chapitre VI.
      'Experience mystique et philosophie' Paris. 1932. S.
      525.

133   Edith Stein; aus einem Brief an Mutter Petra Brüning
      OSU vom 13.6.1941. E.S.W. Bd. IX. S.158. Einen ande-
      ren Hinweis auf diese kleine Arbeit finden wir in
      einem Brief an Sr. Agnella Stadtmüller O.P., auch in
      Echt datiert am 3.5.1941: "Ich bin an einer kleinen
      Arbeit über die 'symbolische Theologie' des Areopagi-
      ten. Sie ist als Beitrag für eine neue Phänomenologen-
      Zeitschrift gedacht."

Die Parallelen zwischen der Lehre der 'negativen Theologie' des Dionysius und der der 'Dunklen Nacht' sind oft erstaunlich größer, als man zu denken vermag. Dionysius hat mit seinen Grundgedanken nicht nur die Philosophie und die Theologie des Mittelalters, sondern auch, und nicht in geringerer Weise, die mystischen Strömungen der Kirche beeinflußt. Unter den Hauptvertretern dieser Strömungen befindet sich ohne Zweifel auch Johannes vom Kreuz. Nicht umsonst wird Dionysius 'Vater der Mystik' genannt, "für ihn ist jede Theologie mystisch, insofern sie nicht nur eine Wissenschaft vom göttlichen Wirken ist, aus Gottes Werken erschlossen, sondern mehr noch ein Wissen von Offenbarung Gottes durch Gottes Gnade den von ihm Erleuchteten geheimnisvoll anvertraut"(134).

Dionysius erkennt drei Stufen im geistigen Aufstieg des Einzelnen zur Vereinigung mit Gott: die Reinigung, die Erleuchtung und die Vereinigung (Vgl. via purgativa, iluminativa und unitiva). Die Stufe der Vereinigung ist das eigentliche mystische Stadium, in dem der Mensch den unerkennbaren Gott im Dunkel der Beschauung ergreift; und da dieses Stadium von der Unaussprechlichkeit gekennzeichnet wird, ist die 'theologia negativa', die einzige Möglichkeit, es zu erreichen(135). Er versteht die Theo-logia in ursprünglichem Sinn, d.h. nicht als systematische Lehre, sondern eher als 'logos tou Zeou', als Gottes Wort, und "deshalb werden wir schließlich dazu geführt werden, Gott (in Christus) den 'Ur-Theologen' zu nennen"(136).

Die Stufe der Vereinigung ist gleichzeitig die Stufe der mystischen Theologie, und darum stellt sie die höchste

----

134   Tritsch, W.: "Dionysius Areopagita, Mystische Theologie und andere Schriften". München-Planegg. 1956. S.15

135   Ein hervorragendes Kapitel über die 'apophatische' und die 'negative' Theologie und ihre Beziehungen zu Thomas von Aquin und Johannes vom Kreuz kann bei Maritain, J. "Distinguer pour unir - ou - Les degrés du savoir" Chapitre V.: 'La conaissance methaphysique'. Paris. 1932. S.399 ff. nachgelesen werden.

136   Edith Stein: "Wege der Gotteserkenntnis - Dionysius der Areopagit und seine symbolische Theologie". Kafke, München. 1979. S.22.

Stufe der Gotteserkenntnis dar. Dieser Erkenntnisordnung,
die später etwas ausführlicher bezeichnet wird, entspricht
auch die areopagitische Seinsordnung, und zwar so, daß
die Welt und der Himmel nach dem Sein und nach der Erkenntnis eine stufengeordnete Hierarchie bilden. In der
mystischen Theologie gipfeln alle theologischen Bemühungen
und entschleiert Gott selbst seine Geheimnisse, allerdings
derart, daß seine Undurchdringlichkeit immer spürbar
bleibt. Der Weg zu dieser "mystischen Theologie" ist die
Negation. Die Annäherung an Gott durch die Verneinung,
dessen, was er nicht ist, bis zum Ende dieses Vorganges,
das in einer beschaulichen Sprach- und Wortlosigkeit in
der Ur-Dunkelheit Gottes stattfindet. Als Vorstufe gibt es
aber auch in der positiven Theologie eine sog. "symbolische Theologie", die die Bezeichnungen untersucht, die von
sinnenfälligen Dingen auf das göttliche übertragen sind
(137). Es geht hier darum, zu prüfen, "was es für sinnen-
fällige Dinge sind, deren Namen übertragen werden, worauf
sie übertragen werden, schließlich wie das 'Übertragen'
zu verstehen ist"(138).

Die Übertragungen sind meistens Gegenstände äußerer Wahrnehmungen, Dinge und dingliche Eigenschaften, aber auch
leibliche und seelische Zustände und Vorgänge. Im allgemeinen sind hier alltägliche Erfahrungen gemeint. Das,
worauf sie übertragen werden, wird von Dionysius das
"Göttliche" genannt, und das Göttliche nicht nur im Sinne
von Gott selbst, sondern alles, was zum Reich Gottes gehört, sogar in der Schöpfung. Es handelt sich also um
eine Bildsprache, um eine symbolische Sprache, die auch
stufenweise die Gotteserkenntnis möglich macht.

Der erste Weg zur Gotteserkenntnis wäre eine natürliche
Gotteserkenntnis, obwohl Edith Stein von vornherein ihre
Bedenken äußert, sie habe nicht den Eindruck, daß Dio-

----

137 Da die Schrift des Dionysius über diesen Gegenstand,
     auf die er wiederholt verweist, nicht erhalten ist,
     versucht Edith Stein, von den anderen überlieferten
     Schriften her, ein Bild davon zu gewinnen.

138 Edith Stein: "Wege der Gotteserkenntnis..." S.33.

nysius eine natürliche Erkenntnis als mögliche Quelle für seine Theologie in Betracht zieht(139). Auf jeden Fall muß man schon etwas von Gott erkannt und erfahren haben, um ihn in den Werken der Schöpfung wiedererkennen zu können. Daher auch der übertragene und symbolische Sinn, den die Bilder der heiligen Schrift (Feuer, Stimme Gottes, Zorn, usw.) immer haben.

Der zweite Weg zur Gotteserkenntnis ist der Glaube, worauf auch alle Theologen basieren. "Glaube ist hier nicht im weiten Sinne des 'belief' genommen, sondern im engen der 'fides', des Annehmens und Festhaltens der übernatürlichen Offenbarung"(140). Dieser Glaube verdient seinerseits den Namen 'Erkenntnis', insofern er Besitz der Wahrheit schenkt, aber als solcher bleibt er dunkel, indem die Überzeugung, die er einschließt, nicht auf Einsicht in die bejahte Wahrheit gegründet ist(141).

Der dritte Weg zur Gotteserkenntnis ist der Weg der übernatürlichen Gotteserfahrung, wo zunächst Offenbarung und Inspiration eine wesentliche Rolle spielen. Gott offenbart sich und macht einen Menschen durch die Inspiration zum Werkzeug dieser Offenbarung. Gott zeigt sich ihm, und der Mensch (der Prophet, zum Beispiel) empfängt in seinem Bewußtsein die Aufgabe, ihn weiterzuvermitteln. Gewißheit von der Anwesenheit Gottes kann man in diesem Fall nur

----

139 "Ob er eine natürliche Gotteserkenntnis überhaupt für möglich gehalten hat, scheint mir nach seinen Äußerungen eine schwer entscheidbare Frage. (Anders verhält es sich mit seinem tatsächlichen Verfahren). Die meisten Stellen klingen so, als wolle er sie mindestens als einen gefährlichen Weg ausschließen, wenn auch nicht geradezu als unmöglich bezeichnen". Vgl. Edith Stein: "Wege der Gotteserkenntnis..." II. Teil 'Symbolische Theologie' N. 4. 'Das Bildverhältnis und seine Voraussetzungen beim Sprechenden und Verstehenden' a.- 'Natürliche Gotteserkenntnis' Anmerkung 23 S.40, 75.

140 Edith Stein: "Wege der Gotteserkenntnis..." S.46.

141 Vgl. Leuven, Romaeus: "Heil im Unheil. Das Leben Edith Stein: Reifen und Vollendung" E.S.W. Bd. X. Druten-Freiburg. 1983. S.151.

gewinnen, indem man Gott 'fühlt'. Der Mensch fühlt sich
von Gott berührt "und das ist, was wir Gotteserfahrung
im eigentlichsten Sinne nennen. Sie ist der Kern alles
mystischen Erlebens, die Begegnung mit Gott von Person zu
Person"(142). Diese Art von Begegnung stellt jedoch noch
nicht die letzte Stufe des mystischen Gebetslebens dar.
"Von hier bis zum Gipfel der 'eingegossenen Beschauung',
bis zur dauernden Vereinigung mit Gott gibt es verschiedene Stufen und Vorgänge"(143).

Die Offenbarung und die Inspiration sind wohl in der Lage, Symbole zu vermitteln, die der natürlichen Gotteserkenntnis unzugänglich sind; geschieht dies, so sind wir
mitten in der "symbolischen Theologie". Diese "symbolische
Theologie" als Gipfel der "positiven Theologie" ist zwar
kein bloßes Zeichen- oder Abbildverhältnis, aber auf
jeden Fall bleibt sie immer noch – im Sinne von Dionysius
– geheimnisvolle Offenbarung. Darum braucht die "positive
Theologie" eine "negative Theologie", die sie unmittelbar
ergänzt. Beide zusammen zeigen, was "alle Gotteserkenntnis zur Gotteserkenntnis macht: die persönliche Begegnung
mit Gott. Wo dies schließlich zum eigenen Erlebnis wird,
und zwar nicht mehr vermittelt durch Bilder und Gleich-
nisse, auch nicht durch Ideen – durch nichts mehr, was
sich noch mit Namen nennen läßt – da haben wir ... die
"mystische Theologie", die Selbstoffenbarung Gottes im
Schweigen. Sie ist der Gipfel, zu dem die Stufen der Gotteserkenntnis emporführen"(144).

Nicht völlig anders verhält es sich mit dem, was Johannes
vom Kreuz in seinem ganzen mystischen Werk zu erklären
versucht hat, und nichts anderes ist es, was Edith Stein
in ihrem Buch "Kreuzeswissenschaft" untersucht hat. Mit
dieser Analyse leiten wir jetzt zu dem letzten Abschnitt
dieser Arbeit über.

----

142   Edith Stein: "Wege der Gotteserkenntnis..." S.50.

143   Edith Stein: "Wege der Gotteserkenntnis..." S.54.

144   Edith Stein: "Wege der Gotteserkenntnis..." S.70.

DIE KREUZESWISSENSCHAFT

I. AUF DER SUCHE NACH DEN QUELLEN

Was ist das, Kreuzeswissenschaft? Wie sollen wir es verstehen? Wissenschaft wird oft als die Systematik von ab-
strakten Prinzipien und Theorien verstanden, oder in einem
auch konventionellen Sinn als reiner Zusammenhang von
wahren Sätzen, oder auch als ein in gesetzmäßigen Denk-
schritten aufgeführtes Gebäude. Wenn man aber von Kreuzeswissenschaft spricht, versteht man nicht unmittelbar das,
was diese kurzen Definitionen ausdrücken wollen. Die 'Kreuzeswissenschaft' ist "wohl erkannte Wahrheit – eine Theologie des Kreuzes – aber lebendige, wirkliche und wirksame
Wahrheit: einem Samenkorn gleich wird sie in die Seele
gesenkt, schlägt darin Wurzeln und wächst, gibt der Seele
ein bestimmtes Gepräge und bestimmt sie in ihrem Tun und
Lassen, sodaß sie aus diesem Tun und Lassen hervor-
strahlt und erkennbar wird"(145).

Wo und wie können wir diese Wissenschaft erlernen? Anhand von Beispielen bei Johannes vom Kreuz erklärt Edith
Stein, aus welchen Quellen diese Wissenschaft hervor-
springt. Die erste Quelle der Wissenschaft des Kreuzes
(obwohl es nicht unbedingt die Wichtigste sein muß) ist
in den Ereignissen des eigenen Lebens zu finden. Jeder
Mystiker hat irgendwann vor Augen bzw. tief im Herzen
das Geheimnis des Kreuzes zu spüren bekommen (in diesem
Sinne kann vielleicht jeder Mensch 'Mystiker' genannt werden) und in der progressiven Vereinigung mit dem Gekreuzigten bekommt er das Licht dieser scheinbar widersprüchlichen Wissenschaft.

Eine weitere und auch vielleicht die wichtigste Quelle der
Kreuzeswissenschaft ist die hl. Schrift. Oft gewinnen in
der hl. Schrift einige innere Erfahrungen Ausdruck, die
das menschliche Wort nicht in ihrer Ganzheit äußern und

----

145 Edith Stein: "Kreuzeswissenschaft'. Studie über Joannes a Cruce" Louvain-Freiburg 1950. E.S.W. Bd. I.
S.3.

mitteilen kann. Die Kreuzesbotschaft des göttlichen Wortes zieht sich durch das Leben des Mystikers hindurch und wirkt in seinem Herzen so, daß er keine Ruhe findet, solange er nicht vom lebendigen Wort des allmächtigen Gottes erfüllt wird. Christus selbst hat uns vom Kreuz 'gesprochen', zur Nachfolge dieses Kreuzes aufgerufen und schließlich "sich selbst erniedrigt und gehorsam gemacht bis zum Tod, bis zum Tod am Kreuz"(146).

Nicht nur im Neuen Testament ist diese "theologia crucis" deutlich zu finden, sondern schon das Alte Testament deutet in dem von Gott verlassenen(147) Knecht Jahwes(148) die Figur des gekreuzigten Heilandes an. In der Fülle der Zeiten hat aber Gott durch seinen Sohn zu uns gesprochen (149) und der hl. Paulus ist mit seinen Briefen Zeuge und Verkünder dieses von Gott gesprochenen Wortes in seiner Theologie des Kreuzes geworden. "Christus hat mich gesandt ... das Evangelium zu verkünden, aber nicht mit gewandten und klugen Worten, damit das Kreuz Christi nicht um seine Kraft gebracht wird. Denn das Wort vom Kreuz ist denen, die verloren gehen, Torheit; uns aber, die gerettet werden, ist es Gottes Kraft"(150). Diese Kraft des Kreuzes ist im Evangelium des Paulus Wort vom Kreuz geworden und "das von Gottes unergründlicher Weisheit ersonnene Mittel der Erlösung"(151).

Die dritte Quelle dieser himmlisch-menschlichen Wissenschaft ist das Meßopfer. "Mit Christus am Kreuz sterben, um mit Ihm aufzuerstehen – das wird für jeden Gläubigen und besonders für jeden Priester Wirklichkeit im Meßopfer"(152).

----

146   Phil. 2, 8.

147   Psalm 22 (bzw. 21).

148   Jes. 42, 1. ff.; 49, 1-9a.; 50, 4-9; 52,13 – 53,12.

149   Hebr. 1, 1 ff.

150   I Kor. 1, 17-18.

151   Vgl. Edith Stein: "Kreuzeswissenschaft" E.S.W. Bd. I. S.15.

152   Edith Stein: "Kreuzeswissenschaft" E.S.W. Bd. I. S.16.

Jede heilige Messe ist ja eine Anamnese des Kreuzesopfers und in jeder heiligen Messe wächst bei den Gläubigen und besonders bei den Mystikern die Vereinigung mit dem Gekreuzigten und damit auch die Kreuzeswissenschaft.

Nicht nur diejenigen, die Visionen haben, sind Mystiker; es gibt aber dennoch einige Menschen, die die Gnade erhalten, Gott oder Christus in menschlicher und bildlicher Gestalt anzuschauen. Zu diesen besonders begnadeten Menschen gehört auch Johannes vom Kreuz, der, nach den Berichten seiner Biographen, wenigstens zwei Mal den leidenden Gekreuzigten in einer Vision anschauen konnte. Solche Visionen sind auch eine weitere Quelle der "Theologie des Kreuzes", die nicht aus menschlichem Eifer gewonnen werden kann, sondern die Gott in seiner ewigen Barmherzigkeit gnadenhaft der Seele schenkt.

Aus diesen und anderen Quellen (die Gnade Gottes ist ja unergründlich) wird die Wissenschaft des Kreuzes gewonnen. Die Kreuzesbotschaft und alles, was wir unter dem Namen 'Kreuz' verstehen, d.h. Lasten, Leiden, Schmerz, Verlassenheit, Einsamkeit..., spielt in dieser Wissenschaft eine wesentliche Rolle, bis zum Letzten, bis zur Selbstentziehung Gottes aus dem Blickfeld unserer Seele. Wir können alle Lasten und Leiden der Welt auf uns nehmen, wir sind aber noch nicht ganz eins mit dem Geliebten-Gekreuzigten geworden. Wir müssen noch glauben, die absolute und schmerzhafte Entfernung Gottes zu erfahren; wir müssen noch die Unsicherheit der absoluten Dunkelheit zu spüren bekommen und inmitten der Angst des Todeskampfes zusammen mit dem Psalmisten schreien können: "MEIN GOTT; MEIN GOTT; WARUM HAST DU MICH VERLASSEN?!?!"(153)

----

153   Psalm 22 (bzw. 21).

II. DIE KREUZESLEHRE

Will man die Kreuzeslehre in den Werken des Johannes vom Kreuz von ihren Wurzeln her verstehen, so muß man klar die Einzigartigkeit dieser Schriften in ihrem Ursprung und ihrer Entstehung vor Augen haben. Die magische Verführung des Dichters, die tiefe Durchdringung des Theologen und die metasprachliche Fähigkeit des Mystikers fließen bei Johannes vom Kreuz zusammen und bilden in seinen Werken eine mystisch-literarische Einheit, die in der Schönheit der spanischen Sprache die Vereinigung der Seele mit Gott meisterhaft beschreiben.

Johannes hat viel mehr geschrieben, als wir heute noch zur Verfügung haben(154), das ist aber in diesem Fall kein Hindernis, einen Gesamteindruck seiner Grundideen und Leitfäden zu bekommen. Man darf jedoch nicht vergessen, daß Johannes vom Kreuz nicht für jedermann geschrieben hat. "Er will gewiß niemanden ausschließen. Aber ich weiß, daß er nur bei einem bestimmten Kreis von Menschen auf Verständnis rechnen kann: bei denen, die schon eine gewisse Erfahrung im inneren Leben haben"(155).

Als Empfänger seiner Werke sind auf diese Weise ganz bestimmte Leute gemeint, die nicht unbedingt Ordensleute sein müssen. Er weiß ganz genau, "daß Gottes Gnade nicht an Ordenskleid und Klostermauern gebunden ist"(156). Ganz verstehen werden es nur diejenigen, die die "Nacht der Sinne" und die "Nacht des Geistes" erlebt haben; diejenigen, die in der Nacht die Last des Kreuzes gespürt und

----

154 Die Werke, die in der Gesamtausgabe erschienen sind, sind: (Kurze Schriften) "Escritos breves"; (Vier Abhandlungen, zwei davon in zwei verschiedenen Redaktionen) "Subida al Monte Carmelo" (Aufstieg zum Berge Karmel), "La Noche Oscura" (Die dunkle Nacht), "Cántico espiritual" A und B (Geistlicher Gesang), "Llama de Amor viva" A und B (Flamme lebendiger Liebe); und eine "Epistolario" (Briefsammlung).

155 Edith Stein: "Kreuzeswissenschaft" E.S.W. Bd. I. S.31.

156 Edith Stein: "Kreuzeswissenschaft" E.S.W. Bd. I. S.31.

getragen haben. Daher steht für Johannes vom Kreuz als beherrschendes Symbol seiner Werke nicht direkt das Kreuz, sondern die Nacht, die aber in untrennbarer Beziehung zu dem Kreuz steht.

A. DAS KREUZ UND DIE NACHT

Man kann das Kreuz und die Nacht 'Symbole' nennen, die aber zu verschiedenen Gattungen gehören. Zunächst müssen wir den Unterschied in der Symbolik zwischen "Bild" und "Zeichen" berücksichtigen, um den Symbolcharakter des Kreuzes feststellen zu können. Zwischen Bild und Abgebildetem besteht eine gewisse Ähnlichkeit und inhaltliche Übereinstimmung, die in der Beziehung Zeichen-Bezeichnetes nicht unbedingt notwendig ist. Nach diesem Prinzip ist das Kreuz kein 'Bild' im eigentlichen Sinn, insofern es kein Naturgegenstand ist, sondern nur ein Werkzeug, das keinen unmittelbaren Zusammenhang z.B. mit dem Leiden ausdrücken muß. Man kann aber auch nicht sagen, daß das Kreuz ein rein willkürlich festgesetztes Zeichenverhältnis darstellt. Es hat in der Geschichte (vor allem in der Geschichte des Christentums) an Sinn und wahrer Bedeutung gewonnen und darum "zeigt" es etwas, das zwar nicht unmittelbar 'bildhaft' ist, aber doch 'wahrzeigend' wirkt.

Demgegenüber ist die Nacht etwas Naturhaftes; Gegenseite des Tageslichtes und natürliche Erfahrungsmöglichkeit der Dunkelheit. Im eigentlichen Sinn ist sie weder ein Gegenstand, noch ein Bild, insofern man darunter eine sichtbare Gestalt versteht; sie ist aber doch eine kosmische Gegebenheit, die eine 'bildhafte' Wirkung auf die Menschen ausüben kann, sowohl im positiven als auch im negativen Sinn. Gerade hier wird die Nachtsymbolik des Johannes vom Kreuz begründet, nicht aber in naturhaftem, sondern in mystischem Sinn. "Die mystische Nacht ist nicht kosmisch zu verstehen. Sie dringt nicht von außen auf uns ein, sondern hat ihren Ursprung im Inneren der Seele und befällt auch nur diese eine Seele, in der sie aufsteigt"(157). Beide

----

157 Edith Stein: "Kreuzeswissenschaft" E.S.W. Bd. I. S.35.

'Nächte' sind nicht dasselbe, sie sind aber doch vergleichbar und besitzen eine sinn- und wirkungsgemäße, inhaltliche Übereinstimmung, die es erlaubt, solch eine Analogie zu gebrauchen.

Ich lasse jetzt Edith Stein kurz und präzise die letzten Denkschritte zusammenfassen: "Das Kreuz ist das Wahrzeichen alles dessen, was mit dem Kreuz Christi in ursächlichem und geschichtlichem Zusammenhang steht. Nacht ist der notwendige 'kosmische Ausdruck' der mystischen Weltsicht des hl. Johannes vom Kreuz. Das Überwiegen des Nacht-Symbols ist ein Zeichen dafür, daß in den Schriften des heiligen Kirchenlehrers nicht der Theologe, sondern der Dichter und Mystiker das Wort führte, wenn auch der Theologe Gedanken und Ausdruck gewissenhaft überwachte" (158).

B. DIE DUNKLE NACHT

Ab jetzt werden wir uns oft mit dem Lied der "Dunklen Nacht" und dessen Erklärung beschäftigen, deshalb halte ich es für angemessen, den Text des Liedes wiederzugeben, wie es auch im Werk Edith Steins der Fall ist.

NOCHE OSCURA	DUNKLE NACHT
I	I
En una noche oscura,	In einer dunklen Nacht,
Con ansias en amores inflamada,	Da Liebessehnen zehrend mich entflammte,
Oh dichosa ventura!	O glückliches Geschick!
Sali sin ser notada,	Entwich ich unbemerkt,
Estando ya mi casa sosegada.	Als schon mein Haus in tiefer Ruhe lag.

---

158   Edith Stein: "Kreuzeswissenschaft" E.S.W. Bd. I. S.36.

II

A oscuras, y segura
Por la secreta escala dis-
frazada,
Oh dichosa ventura!
A oscuras, y en celada,
Estando ya mi casa sose-
gada.

III

En la noche dichosa
En secreto, que nadie me
veîa,
Ni yo miraba cosa,
Sin otra luz, ni guîa,
Sino la que en el corazón
ardîa.

IV

Aquesta me guiaba
Más cierto que la luz de
mediodía,
A donde me esperaba,
Quien yo bien me sabîa,
En parte, donde nadie
parecîa.

V

Oh noche, que guiaste,
Oh noche amable más que
el alborada,
Oh noche, que juntaste
Amado con amada,
Amada en el Amado trans-
formada!

II

Im Dunkel wohl geborgen,
Vermummt und auf geheimer
Leiter,
O glückliches Geschick!
Im Dunkel und verborgen,
Da schon mein Haus in tiefer
Ruhe lag.

III

In dieser Nacht voll Glück,
In Heimlichkeit, da niemand
mich erblickte,
Da ich auch nichts gewahrte,
Und ohne Licht noch Führer
Als jenes, das in meinem
Herzen brannte.

IV

Und dieses führte mich
Weit sichrer als das Licht
des hellen Tages
Dahin, wo meiner harrte
Er, der mir wohlbekannt,
Abseits, da, wo uns niemand
scheiden konnte.

V

O Nacht, die Führer war!
O Nacht, viel liebenswerter
als die Morgenröte!
O Nacht, die du verbunden
Die Liebste dem Geliebten,
In den Geliebten die Geliebte
umgewandelt!

VI

En mi pecho florido,
Que entero para él sólo
se guardaba,
Alli quedó dormido,
Y yo la regalaba,
Y el ventalle de cedros
aire daba.

VI

An meiner blüh'nden Brust,
Die sich für ihn allein
bewahrte,
Entschlief er sanft,
Ich streichelte ihn sacht,
Und Kühlung gab des Zedern-
fächers Wehen.

VII

El aire de el almena
Cuando ya sus cabellos
esparcìa,
Con su mano serena
En mi cuello heria,
Y todos mis sentidos
suspendia.

VII

Als leicht der Morgenwind
Die Haare spielend ihm be-
gann zu lüften,
Mit seiner linden Hand
Umfing er meinen Nacken,
Und alle meine Sinne mir
entschwanden.

VIII

Quedéme, y olvidéme,
El rostro recliné sobre
el Amado,
Cesó todo y dejéme,
Dejando mi cuidado
Entre las azucenas
olvidado. (159)

VIII

In Stille und Vergessen
Das Haupt auf den Geliebten
hin ich lehnte,
Entsunken alles mir,
Verschwunden war die Angst,
Begraben unter Lilien im
Vergessen.

Dieses Lied ist der Schlüsseltext zweier Abhandlungen des
Johannes vom Kreuz: "Der Aufstieg zum Berge Karmel" und
"Die Dunkle Nacht". Das Lied wird eigentlich von der See-
le im Zustand der Vereinigung gesungen, d.h. wenn die
Nacht schon vorbei ist. Trotzdem bleibt im Lied noch der
pathetische Geschmack der gerade vergangenen dunklen
Zeit.

----

159 Wir haben hier den spanischen Text der "Dunklen
Nacht" nach der "Editio critica" von 1912. (Joannes
a Cruce: "Obras del mistico doctor San Juan de la
Cruz" Introducción y notas de Gerardo de San Juan
de la Cruz. Toledo. 1912ss.) und eine Übersetzung,
die mit Hilfe verschiedener deutscher und einer wort-
getreuen flämischen Übertragung dem Urtext möglichst

Um die Vereinigung zu erlangen, mußte die Seele das Haus (160) das heißt ihren sinnlichen Teil, verlassen, und das geschieht in einer zweiseitigen Bewegung, die den Unterschied zwischen "aktiver" und "passiver" Nacht begründet. Die Nacht bezeichnet hier mit Präzision die Befreiung der Seele von sinnlichen Begierden als Ausgangspunkt, dann den Glauben als den nächtlichen Weg der dunklen Erkenntnis, den die Seele auf dem Weg zur Vereinigung durchschreiten muß; und schließlich die Vereinigung selbst, die auch als Nacht bezeichnet wird, insofern Gott auf Erden auch in der Vereinigung mit der Seele uns verhüllt bleibt. Johannes vom Kreuz zieht dann sogar einen zeitähnlichen Vergleich zwischen der kosmischen und der mystischen Nacht, wenn er sagt, die Nacht der Sinne wäre ein Dämmerlicht, das von der Helligkeit des Tages zurückbleibt; die Dunkelheit der Mitternacht wäre die Nacht des Geistes, in der die Seele nur aus dem Glauben lebt, und der Morgendämmerung gliche der langsame Eintritt in das Licht der Ewigkeit.

----

genau angepaßt ist. Ich möchte mir hier auch eine kleine text-philologische Anmerkung erlauben. In der ersten Auflage des Werkes "Kreuzeswissenschaft" (1950) sind zwei Fehler im spanischen Text entstanden: in der III. Strophe, 2. Vers steht: "En secreto que **nadi** me veîa" richtig ist: "En secreto que **nadie** me veîa"; in der VIII. Strophe 5. Vers steht: "Entre **les** azucenas olvidado" richtig ist: "Entre **las** azucenas olvidado". In der Neuauflage von 1954 kommt noch ein Fehler dazu, der den Sinn des Textes ganz verändert und ganz unverständlich macht. In der V. Strophe, 5. Vers steht: "**Amado** en el Amado transformada", richtig ist: "**Amada** en el Amado transformada". Eine neue Ausgabe des Werkes sollte vielleicht solche Kleinigkeiten mitberücksichtigen.

160   Vgl. "Das Lied von der 'Dunklen Nacht'" Strophe I. Vers 2.

1. Die Dunkle Nacht der Sinne

Die dunkle Nacht der Sinne ist der Ausgangspunkt der Seele im Aufstieg zur Vereinigung mit Gott. Die Bewegung der Seele fängt mit einem 'aktiven' Eingehen in die Nacht an. Es geht nicht darum, auf die sinnliche Wahrnehmung zu verzichten, sondern vielmehr darum, diese sinnliche Wahrnehmung richtig einzustellen. Alles, was in Gottes Augen Finsternis ist, das ist mit seinem Licht unvereinbar, und deshalb muß es aus unserem Leben verbannt werden. Dieser Kampf der Seele gegen alles, was vermeidet, daß das Licht Gottes in die Seele eindringt, das ist das aktive Eingehen in die dunkle Nacht.

In die Dunkle Nacht eingehen und das Kreuz auf sich zu nehmen und es zu ertragen, ist ein und dasselbe. Derjenige aber, der das Kreuz trägt, kann sich nicht selbst an das Kreuz nageln, deshalb ist er darauf angewiesen, daß das, was in der 'aktiven Nacht' begonnen wurde, in der 'passiven Nacht' vollendet wird. In der passiven Nacht versetzt Gott die Seele in eine tiefere Dunkelheit, in der sie eine reinigende Trockenheit erfährt. Trockenheit, weil sie keinen Geschmack mehr an den Geschöpfen findet; Trockenheit, weil sie keine Freude an den göttlichen Dingen finden kann und darum glaubt, Gott nicht richtig zu dienen; Trockenheit, weil sie trotz aller Anstrengungen nicht mehr betrachten, nachsinnen, oder sich etwas einbilden kann. Gott ist einfach nicht mehr da, um mit den Sinnen wahrgenommen zu werden.

Das ist die erste Kreuzigung der Seele. Sie muß in diesem Zustand geduldig warten, die innere Ruhe bewahren, und sich ganz frei von Erkenntnissen und Gedanken machen. Sie kann es vielleicht noch nicht merken, sie fängt aber schon an, von der Liebe des Geliebten entflammt zu werden (161). Sie leidet, aber sie wird dann "O glückliches Geschick" rufen(162), wenn sie erfährt, wie zärtlich er sie

---

161   Vgl. "Das Lied von der 'Dunklen Nacht'" Strophe I. Vers 2.

162   Vgl. "Das Lied von der 'Dunklen Nacht'" Strophe I. Vers 3.

in Liebe entbrennen läßt(163).

Die Trockenheit der Seele in der Nacht der Sinne, von der wir vorher sprachen, ist für Johannes vom Kreuz auch eine Schule der Tugenden. Die Seele fühlt sich leer und trocken und darum wird sie demütig; sie ist alleine und hilflos und deshalb wird sie unterwürfig und gehorsam; sie wird geduldig durch die Hoffnung auf die Liebe Gottes und friedlich durch die ständige Erinnerung an den Friedensfürsten. Sie wird schließlich fähig, die Freiheit des Geistes anzunehmen, indem sie die vollkommene Reinigung von allen sinnlichen Neigungen und Gelüsten erfahren hat.

Die Darstellung, die Johannes vom Kreuz von dem Vorgang der sinnlichen Reinigung der Seele bietet, zeigt, daß dieses Unterwegs-zur-Vereinigung-sein zwar in der Nacht stattfindet, aber nicht absolut lichtlos ist. Wenn die Seele das alles durchgemacht hat, ist sie bereit, in die Nacht des Geistes einzutreten.

2. Die Dunkle Nacht des Geistes

Diese neue Dunkle Nacht findet nicht mehr in dem Bereich der sinnlichen Wahrnehmung statt, sondern ganz im Bereich des Glaubens. Sie ist der 'schmale Weg', der zur Vereinigung mit Gott führt, und die große Schwierigkeit, diesen zu untersuchen, besteht darin, daß, obwohl er nicht in einer systematischen Abhandlung behandelt wird, dennoch die ganze 'Ontologie des Geistes' des hl. Johannes dahintersteckt.

"Die Nacht des Geistes", sagt Edith Stein, "erfaßt den höheren, vernünftigen Teil des Menschen, ist also innerlich und raubt der Seele das Licht der Vernunft oder macht sie blind"(164). Die Dunkelheit dieses Weges wird außerdem davon bedingt, daß es in dieser Nacht um von Gott selbst geoffenbarte Wahrheiten geht, und daher haben sie einen

----

163   Vgl. "Lebendige Liebesflamme" (Seite 112) Strophe IV.
       Vers 5.

164   Edith Stein: "Kreuzeswissenschaft" E.S.W. Bd. I. S.49.

übernatürlichen Charakter. Die Seele muß in diesem Stadium über alles Geistige, das sie natürlicherweise erkennen und verstehen könnte, hinausgehen, um dorthin zu gelangen, wo das höchste Gut immer noch verborgen bleibt. Je mehr sich die Seele durch den dunklen Weg des Glaubens diesem höchsten gut annähert, desto tiefer ist die Vereinigung mit Gott, die auf sie wartet.

Die Seele des Mystikers strebt selbstverständlich nach dieser Vereinigung, es ist aber, bevor sie stattfindet, notwendig, daß die Geistesvermögen des Menschen eine tiefe und grundlegende Entblößung erfahren. "Diese Entblößung... wird im Verstand durch den Glauben gewirkt, im Gedächtnis durch die Hoffnung, und im Willen durch die Liebe" (165). Der Glaube ist ein sicherer Weg für den Verstand, aber immerhin noch eine dunkle Erkenntnis. Das Gedächtnis muß von der Hoffnung ins Leere versetzt werden, weil es sich in der Tat mit etwas beschäftigt, das es noch nicht besitzt. Die Liebe macht schließlich den Willen ganz frei von allen Dingen, insofern sie zur einzigen 'Pflicht', Gott über alles Geschöpfliche zu lieben. Dies alles ist nichts anderes als der Weg der Vereinigung mit Gott in der vollständigen Entäußerung der Seele; dies ist der schmale Weg, von dem der Evangelist redet(166), der Weg der Vollkommenheit; in johanneischer Sprache der "Kreuzweg", der uns zum Kreuzestod und zur Auferstehung führt. Versuchen wir jetzt, auf jedes einzelne Geistesvermögen und seine entsprechenden Entblößungswege einzugehen.

a) Die Entblößung des Verstandes durch den Weg des Glaubens:

"... unser Ziel ist die Vereinigung mit Gott, unser Weg der gekreuzigte Christus, das Einswerden mit Ihm im Gekreuzigtwerden"(167). Das einzige Mittel, das wir Menschen

----

165   Edith Stein: "Kreuzeswissenschaft" E.S.W. Bd. I. S.53.

166   Vgl. Mt. 7,14.

167   Edith Stein: "Kreuzeswissenschaft" E.S.W. Bd. I. S.56.

haben, dies entsprechend zu erreichen, ist der Glaube.
Um die Vereinigung mit Gott zu erlangen, ist der Glaube
notwendig, weil die geschaffenen Dinge keine "Gleichförmig-
keit" mit Gott haben; der Glaube ist eine notwendige
Voraussetzung, uns mit Gott überhaupt vereinigen zu können. Der Abstand zwischen dem göttlichen Sein und dem
der Geschöpfe ist unendlich, und daher, obwohl die Geschöpfe eine Spur Gottes tragen, ist jede unmittelbare Ver-
mittlung unmöglich(168). Dementsprechend ist der Verstand
nicht in der Lage, sich von Gott einen angemessenen Begriff zu bilden, das Gedächtnis mit seiner Phantasie Formen oder Bilder zu schaffen und der Wille die Lust und
das Glück zu kosten, die Gott selber ist.

Es geht hier nicht darum, "verstehen" oder "sehen" zu
wollen, sondern vielmehr, uns auf, die Beschauungsweise
der mystischen Theologie des Areopagiten einzulassen,
darauf, wo die geheime Gottesweisheit herrscht und der
"Strahl der Finsternis" scheint(169).

Das Licht der Wahrheit ist im Dunkel verborgen, wir bekommen aber trotzdem eine dunkle und allgemeine Erkenntnis, die keine Beziehung zu dem Sinnesvermögen und der
Sinneserkenntnis hat. Diese besondere Erkenntnisweise des
Glaubens steht auch im Gegensatz zu den für den Verstand
faßbaren übernatürlichen Erkenntnissen, d.h. 'Gesichte',
'Offenbarungen', 'Ansprachen' und 'geistige Empfindungen'; ungewöhnliche Worte, Wohlgerüche und Geschmack,
Wonnegefühle, Visionen, Gestalten, usw. können übernatürliche Erkenntnisse sein, sie müssen aber auch abgewiesen

----

168   Vgl. Edith Stein: "Endliches und Ewiges Sein" E.S.W.
      Bd. II und bei Thomas von Aquin die These der
      "analogia proportionalitatis". De Veritate q. 2. a.
      11, c.

169   Vgl. Dionysius, der Pseudo-Areopagit. 'Mystische Theo-
      logie' 1. 1. Migne PG. Bd. III. und San Juan de la
      Cruz: "Subida al Monte Carmelo". Libro II. Capítulo
      7. In: San Juan de la Cruz: "Obras Completas"
      Anotaciones de José Vicente Rodriguez y F. Ruiz
      Salvador. Editorial Espiritualidad. Triana-Madrid.
      1980 (Vgl. Anm. 154. Edith Stein hat eine andere
      Ausgabe gebraucht. Dazu Anm. 159).

werden, weil sie immer noch den Sinnen entsprechen und nicht dem Geist. "Es entspricht Gott mehr, sich dem Geist mitzuteilen als den Sinnen, und die Seele findet darin größere Sicherheit und gelangt zum größeren Fortschritt, während mit der sinnlichen Gegebenheit in der Regel große Gefahr verbunden ist"(170).

Edith Stein stellt im Anschluß daran fest, daß bei Johannes vom Kreuz auch 'rein geistige' Mitteilungen zu finden sind, (geistige Visionen, Offenbarungen, Ansprachen und Empfindungen; alle vier mit dem Namen "intellektuelle Visionen" benannt, weil bei allen ein geistiges Schauen vorliegt), die aber ebenfalls abzuweisen sind, weil, obgleich diese Wahrnehmung von höherer Art und nützlicher ist als die sinnliche Wahrnehmung, auch durch sie der Verstand an Schärfe verliert und sich den Weg zur Einsamkeit und Entblößung versperrt(171). Johannes vom Kreuz – und Edith Stein anhand seiner Werke – bemühen sich dann, diese neue Art von Wahrnehmungen sorgfältig zu beschreiben, indem sie versuchen, Klarheit für die Seele, die solche Erfahrungen macht, zu schaffen. Solche Beschreibungen können hier leider nicht wiedergegeben werden, ich möchte jedoch nicht darauf verzichten, auf die Werke des Johannes vom Kreuz selbst hinzuweisen(172). Die Menschen, die in der Erfahrung der Vereinigung mit Gott fortgeschritten sind, werden dabei viele tiefe und richtungsführende Gedanken-nicht-Gedanken (einen 'Strahl der Finsternis') finden können.

----

170   Edith Stein: "Kreuzeswissenschaft" E.S.W. Bd. I. S.57.

171   Vgl. Edith Stein: "Kreuzeswissenschaft" E.S.W. Bd. I. S.62.

172   San Juan de la Cruz: "Subiba..." Lib. II. Cap. 1-32. Für die deutschen Übersetzungen siehe: Johannes vom Kreuz: "Sämtliche Werke" Neue dt. Ausgabe von Aloysius ab Inmaculata Conceptione und Ambrosius a Sancta Teresa. Kösel. München. Band I.: "Aufstieg zum Berge Karmel". Band II.: "Die Dunkle Nacht". Band III.: "Lebendige Liebesflamme". Band IV.: "Geistlicher Gesang". Band V.: "Kleinere Schriften".

b) Die Entblößung des Gedächtnisses durch den Weg der Hoffnung:

Es ist uns schon klar, daß der Weg des Glaubens durch die dunkle Nacht führt und ein Kreuzweg ist. Diese Dunkelheit und das schmerzhafte Kreuz werden in dem Fall durch die Entblößung verursacht, die auch bei dem Gedächtnis und dem Willen stattfinden soll.

Dem Gedächtnis muß man alle 'beengenden Schranken' aus dem Weg räumen, damit es über jede umschriebene Kenntnis und jeden sinnenfälligen Besitz zur höchsten Hoffnung auf den unfaßbaren Gott gelangt. "Es gibt ja keine Form und kein Bild, unter dem das Gedächtnis Gott erfassen könnte"(173). Das Gedächtnis muß deshalb von allen Kenntnissen entleert und geläutert werden, zuerst durch das aktive Wirken der Seele, dann in der vollendeten Läuterung der Vereinigung durch den Hl. Geist, also von der Seele passiv erfahren.

Die Seele tritt aktiv in die Stufe der Vorbereitung ein, indem sie sich von den Dingen der Welt entleert; dann wird sie von Gott erfüllt. Der ganze Vorgang vollzieht sich nicht ohne Gefahr, weil sowohl der Teufel, wie auch natürliche, bzw. übernatürliche Inhalte des Gedächtnisses immer wieder versuchen, die Seele zu täuschen. Sie will manchmal, obwohl sie nach der Vereinigung mit Gott strebt, an Bildern der sinnlichen Wahrnehmung oder intellektuellen Visionen festhalten, und das ist ein großes Hindernis für die Vereinigung. Wer über alle diese 'Nachteile' hinwegkommt, der kann dann die entsprechenden Vorteile erleben: Ruhe, Friede, Befreiung von Sorge über die Gutheit oder Bösheit der übernatürlichen Erfahrungen, etc. etc.; das alles wird durch die aktive, aber nur natürliche Tätigkeit der Seele, und das übernatürliche Wirken Gottes durch den hl. Geist (die Seele ist dabei passiv) ermöglicht.

Es kommt letztlich, meint Johannes vom Kreuz, nur darauf an, das Gedächtnis zur Vereinigung mit Gott zu führen. Alles, was die Seele nicht besitzt, alles, was bei ihr "Leere" ist, wird von der Hoffnung der Anwesenheit Gottes erfüllt und so zur Vollkommenheit gebracht:

----

173 Johannes vom Kreuz: "Aufstieg zum Berge Karmel". Buch III. Kap. 1.

"Je mehr darum die Seele das Gedächtnis von Formen und Dingen freihält, die nicht Gott sind, desto tiefer wird sie es in Gott begründen, desto besser wird sie es bewahren, um hoffen zu können, daß Gott es vollständig in Besitz nimmt"(174).

c) Die Entblößung des Willens durch den Weg der Liebe:

"Wir hätten so viel wie nichts getan, wenn wir uns damit begnügten, den Verstand zu reinigen, um ihn in der Tugend des Glaubens zu begründen, und das Gedächtnis für die der Hoffnung, wenn wir nicht auch den Willen um der dritten Tugend, der Liebe, willen läutern wollten"(175). Das Haupthindernis der Vereinigung der Seele mit Gott liegt im Bereich des Willens, in den Passionen und in der Freude, die die Seele an bestimmten Dingen findet, die sie nicht zu Gott führen. Je mehr sich die Seele an diesen Dingen erfreut, umso geringer wird ihre Freude an Gott. Darum sagt Johannes vom Kreuz, der Mensch werde durch die Läuterung des Willens von seinen Begierden vergöttlicht, d.h. er wird eins mit dem Willen Gottes.

Der Wille sollte nur an dem Freude finden, was zur Ehre und Verherrlichung Gottes dient, und da die 'Dinge', woran sich die Seele freuen könnte, nicht Gott sind, ergibt sich die Notwendigkeit, dem Begehren jeden Genuß an natür-

----

174   Edith Stein: "Kreuzeswissenschaft". E.S.W. Bd.I. S.78.

175   Johannes vom Kreuz: "Aufstieg zum Berge Karmel". Buch III. Kap. 15. Es kann nicht überflüssig sein, nochmal zu wiederholen, daß die verschiedenen Ausgaben der Werke Johannes vom Kreuz manchmal auch verschiedene Kapiteleinteilungen haben. (Vgl. Anm. 38) Die neuste spanische Ausgabe von Rodriguez-Ruiz Salvador, Madrid, 1980 (Anm. 169) hat diesen Text unter dem 16. Kapitel: "No hubieramos hecho nada al purgar el entendimiento para fundarle en la virtud de la fe, y a la memoria en la de la esperanza, si no purgásemos también la voluntad, a cerca de la tercera virtud, que es la caridad".

lichen wie an übernatürlichen Dingen zu versagen, um zur
Vereinigung mit Gott zu gelangen. Die Vereinigung ist nur
möglich durch die Liebe, und kein 'Ding' (Ergötzen, Süßigkeiten, Genuß) kann mit der Liebe, und deshalb auch
nicht mit Gott, identifiziert werden.

Ungefähr 30 Kapitel seines III. Buches des "Aufstiegs zum
Berge Karmel" braucht dann Johannes vom Kreuz, um die
Güter zu beschreiben, die uns von Gott abwenden können,
oder, wenn sie in sich selbst einen Wert besitzen, wie zum
Beispiel die sittlichen und übernatürlichen Güter, uns auf
dem Weg zur Vereinigung täuschen könnten(176). Dabei
werden sowohl zeitliche und natürliche Güter, wie auch
sinnliche, sittliche und sogar übernatürliche Güter beschrieben; sie sind ein 'Nichts' gegenüber dem, was Gott für die
Seele vorbereitet hat. So endet, teilweise unvollständig, der
"Aufstieg zum Berge Karmel" vom Johannes vom Kreuz(177).

----

176 Vgl. San Juan de la Cruz: "Subida..." Libro III.
     Capîtulo 18.

177 Bevor ich mit einem neuen Thema anfange, erlauben
     Sie mir, eine Anmerkung zu einer Anmerkung Edith
     Steins zu machen. Ich möchte damit nur zeigen, wie
     sorgfältig Edith Stein die Werke Johannes vom Kreuz
     gelesen hat, und wie tief sie auch in seine Lehre ein-
     gedrungen ist. In der Anmerkung 68 des Werkes "Kreu-
     zeswissenschaft" wundert sie sich, weil darin steht,
     daß die Hoffnung den Willen befriedigen solle. "So
     steht im Text, sagt sie, man sollte eher erwarten:
     im 'Gedächtnis' als dem Vermögen, das der Hoffnung
     entspricht". Scharfe Beobachtung! Wenn man die Texte
     vom vorigen Jahrhundert und auch vom Anfang dieses
     Jahrhunderts zum Vergleich heranzieht, stellt man
     fest, daß der Fehler doch enthalten ist. (Vgl. z.B.
     auf Deutsch: Johannes vom Kreuz: "Sämtliche Werke"
     'Aufstieg...' Buch III. Kap. 31. Sulzbach. 1930. S.
     379; und auf Spanisch: San Juan de la Cruz: "Obras
     espirituales" 'Subida...' Libro III. Capîtulo 31.
     Madrid. 1872. S.253.) Die letzte spanische Ausgabe
     enthält den Text genauso, wie ihn Edith Stein vor-
     geschlagen hatte; also: "... y de la satisfaccion
     en la **memoria** por medio de la **esperanza**..."; "...
     und die Befriedigung im **Gedächtnis** durch die Hoff-
     nung".

3. Geist und Glauben (Zusammenfassung)

Die Fachleute und Johannes vom Kreuz-Spezialisten disku-
tieren heute immer noch, warum das Werk nie vollendet
wurde(178). Auf jeden Fall ist der erwartete Teil der "passiven Nacht" nicht im Werk enthalten. Diesen werden wir
erst in der Abhandlung "Die Dunkle Nacht" finden (die
ebenfalls unvollendet ist). Was Johannes vom Kreuz bis
jetzt dargestellt hat, entspricht zweifelsohne seiner mystischen Begnadung, man sollte aber nicht glauben, daß er
als Theologe die Absicht hatte, eine Systematik der Mystik
zu erarbeiten. Er scheint eher wie der Dichter und Vater,
der seinen Söhnen und Töchtern erzählt, wie man am be-
sten zu der mystischen Erfahrung und Vereinigung mit Gott
gelangen kann. Dazu hat er zwischen 'Nacht der Sinne'
und 'Nacht des Geistes' unterschieden und dann auch erklärt, was er unter Geist und Glaube versteht, weil der
Glaube, der uns durch die Nacht hindurch führt, den be-
sten Weg der Vereinigung mit Gott darstellt. "In ihm vollzieht sich die schmerzvolle Neugeburt des Geistes, seine
Umgestaltung vom natürlichen zum übernatürlichen Sein"
(179). Um dieses seelisch-geistige Sein zu behandeln, be-
nutzt Johannes vom Kreuz die durch die Tradition überlie-
ferten Begriffe der scholastischen Psychologie, indem er in
der Seele sinnliche (niedere) und geistige (höhere) Kräfte

---

178   Vgl. Ruiz Salvador, Federico: "Introducción a la
       'Subida al Monte Carmelo'"   In: San Juan de
       la Cruz: "Obras Completas". Madrid. 1980. S.157-
       184.

179   Edith Stein: "Kreuzeswissenschaft". E.S.W. Bd. I
       S. 98.

unterscheidet(180). Für jeden Wahrnehmungsbereich der
Seele gibt es auch nach seiner Auffassung eine entsprechende aktive Nacht. Die 'Nacht der Sinne' und die 'Nacht
des Geistes'. Die erste bereitet die zweite vor, und die
zweite stellt die Überbietung der ersten dar. So wie bei
den Nächten besteht auch bei den Kräften der Seele eine
bestimmte Korrelation. Der Geist kann in seiner Tätigkeit
nur das verarbeiten, was die Sinne ihm anbieten, der
Geist ist aber nicht dazu bestimmt, sich an diesen geschaffenen Dingen zu freuen, sondern immer und immer wieder
nach Gott zu streben.

Der Geist entspricht seinem ursprünglichen und eigentlichen
Sein, indem er sich zweierlei Arten der Anstrengungen
('Arbeit') aussetzt, nämlich: "Erziehungsarbeit" und "Ent-
ziehungsarbeit". "Entzogen werden muß dem Geist alles,
womit er sich natürlicherweise beschäftigt. Erzogen werden
muß er dazu, Gott zu erkennen und sich an ihm allein zu
freuen" (E.S. Kw. 101).

Welch eine Rolle spielt jedoch der Glaube in diesem Kom-
plex? Mit dem Glauben und seiner entsprechenden Dunkelheit erhebt sich der Geist über die Dinge der Welt und
über sein natürliches Tun, und gelangt in den Bereich,
wo die Glaubensinhalte verinnerlicht werden. Das ist die
Stufe der Betrachtung. Der Geist – Verstand und Herz,
besser gesagt – kommt so zu einer dauernden Beschäftigung
mit Gott, der ihm auch seine Gnade schenken will. Bis

----

180 Kurz zu erwähnen ist hier die Eingliederung des Ge-
     dächtnisses unter die geistigen Kräfte. Das stimmt mit
     Augustinus ganz überein, nicht aber mit Thomas, für
     den das Gedächtnis zur sinnlichen Wahrnehmung ge-
     hört. Es ist Aufgabe der "memoriae", das Vergangene
     als solches anzuerkennen, und damit vom Gegenwär-
     tigen zu unterscheiden. Das ist die "memoria sensibi-
     lis", die unter den "innerlichen Sinnesvermögen"
     zählt. Sie könnte aber auch als in gewisser Weise
     "potentia intellectiva" betrachtet werden. Dazu Tho-
     mas: "Memoria est duplex scilicet, conservativa spe-
     cierum tantum, alia cuius objectum est praeteritum
     ut praeteritum. Prima est potentia pure cognoscitiva,
     et est in parte intellectiva, secunda vero in parte
     sensitiva tantum." Vgl.: I. 77, 8.c. 1, d.3, q.4, a.
     1; D. Ver. q.10, a.2, c.

dahin sind wir am Höchsten angekommen, was man im Leben des Glaubens kraft eigener Anstrengungen und Tätigkeit erreichen kann; aber damit ist nur die Hälfte getan.
"Man würde niemals ans Ziel, zur Vereinigung mit Gott,
gelangen, wenn man bei den übernatürlichen Mitteilungen
stillstehen und in ihrem Genuß ruhen wollte. Denn Visionen, Offenbarungen und süße Empfindungen sind nicht Gott
selbst und führen auch nicht zu Ihm – von jenen höchsten,
rein geistigen Berührungen abgesehen, in denen sich Gott
selbst dem Wesen der Seele mitteilt, und eben damit die
Vereinigung vollzieht. So muß die Seele sich auch von
allem Überirdischen, von den Geschenken Gottes, wieder
losmachen, um statt der Gaben den Geber zu gewinnen"
(181). Und... wie geschieht das? Durch die 'passive
Nacht'. Ohne sie wäre alles umsonst gewesen.

C. DIE PASSIVE NACHT DES GEISTES

Der Gegenstand der Abhandlung über "Die Dunkle Nacht"
ist vor allem die "passive Nacht des Geistes". Das bildet
eine thematisch ergänzende Einheit mit dem "Aufstieg zum
Berge Karmel", obwohl sie als eine getrennte Struktur (als
ein anderes Buch) dargestellt wird. Die "passive Nacht
des Geistes" ist eine der originellsten und tiefsten mystischen Thesen des Johannes vom Kreuz, und eine. derjeni-
gen, die zur Entwicklung der Mystik (wenigstens im roma-
nischen Sprachraum) wesentlich beigetragen haben(182).

Als Grundlage für den Kommentar baut Johannes, wie
schon bekannt, auf dasselbe Gedicht wie bei dem "Aufstieg

----

181 Edith Stein: "Kreuzeswissenschaft" E.S.W. Bd. I. S.106.

182 Vgl. Garrigou Lagrange O.P.: "L'amour de Dieu et la
     Croix de Jesus" 'Etude de théologie mystique sur le
     problème de l'amour et les purifications passives,
     d'apres les principes de Saint Thomas d'Aquin et la
     doctrine de Saint Jean de la Croix' Cerf. Paris. 1929.
     Besonders S.549 ff.

zum Berge Karmel" auf(183). Im Endeffekt werden nur zwei Strophen kommentiert, d.h. nur einviertel, was aber kein Hindernis darstellt, einen gesamten Überblick über die Lehre des Johannes vom Kreuz zu bekommen.

Wir haben schon gesehen, wie die Seele sich von allem trennen muß, um nun von Gott erfüllt werden zu können. Johannes verlangt den Kreuzestod bei lebendigem Leibe, sowohl im Sinnlichen wie im Geistigen. In diese "Leere" gießt sich Gott als etwas "viel Reineres, Zarteres, Geistigeres und Innerlicheres als alles, was der Erkenntnis aus dem natürlichen (und übernatürlichen) Geistesleben bekannt ist"(184). Es geht hier ganz und gar um die Erfahrung Gottes. Die Seele wird durch Feuer gereinigt und sie spürt bei dieser Reinigung Schmerz und Leiden; alles das ist aber unvergleichbar mit der Anwesenheit Gottes selbst in der Seele. Entscheidend in der passiven Nacht ist es, daß das, was noch zu der Seele kommt, keine 'Leistung' der Seele mehr ist, sondern daß derjenige Gott ist, der in der Seele das Werk vollbringt. Die Seele wird ganz entleert und in einen Zustand der absoluten Dunkelheit versetzt. Dort wird sie gereinigt und gleichzeitig erhellt. Verstand, Willen und Gedächtnis werden gründlich gereinigt, und die Seele muß alles 'durchkosten', um zum Leben des Geistes wiedergeboren zu werden. Nacht, Reinheit, Trockenheit der Seele; alles wäre nichts ohne diese Wiedergeburt, Wiedergeburt im Feuer, im Feuer der Liebe. Eine Liebe, die die Seele reinigt und sie entflammt(185). Die Seele wird von dieser leidenschaftlichen Liebe besessen, die sie schon etwas von der letzten und vollkommensten Vereinigung mit Gott spüren läßt. Schließlich gelangt die

----

183   Vgl. in dieser Arbeit S.88.

184   Edith Stein: "Kreuzeswissenschaft" E.S.W. Bd. S.107.

185   Vgl. "Dunkle Nacht" Str. I. Vers 2.: "Con ansias de amores inflamada"; "Da Liebessehnen zehrend mich entflammte". In dieser Arbeit S.88.

Seele zu einer ungestörten und verborgenen Beschauung (186). Die Beschauung ist der sinnlichen Wahrnehmung schon absolut fremd und unverständlich, daher besteht seitens der sinnlichen Geschöpfe kein Hindernis mehr, das die endgültige Liebesvereinigung stören oder ablenken kann. Für die Seele gibt es während und nach der passiven Nacht Gott und nur Gott. Gott und das Feuer seiner Liebe, das Gott selbst ist. Die Seele wird frei von allen Formen, Bildern und Wahrnehmungen, die ein Hemmnis für die dauernde Vereinigung mit Gott sein könnten. "Sie kann sich auf keine Erleuchtung des Verstandes und auf keinen äußeren Führer mehr stützen, um an ihnen Trost und Befriedigung zu finden. Denn die dunklen Finsternisse haben sie alles dessen beraubt. So ist nun die Liebe allein, die in dieser Zeit entbrennt und das Herz dem Geliebten zuwendet, bewegende Kraft und Führerin der Seele und hebt sie, ohne daß sie weiß wie und auf welche Weise, auf einsamem Wege im Fluge zu Gott empor"(187).

*   Hier wird der Kommentar der II. Strophe beendet, und ein Kommentar der III. ist so gut wie inexistent, weil er nur eine halbe Seite beträgt. Edith Stein sagt fehlerhafterweise genau das Gegenteil: "Von den acht Strophen hat sie (= die Abhandlung von der "Dunklen Nacht") nur **sechs** erläutert" (Vgl. Edith Stein: "Kreuzeswissenschaft" E.S.W. Bd. I. S.135.)

---

186   Diese Beschauung wird von Johannes vom Kreuz "geheimen Leiter" genannt (Vgl. "Dunkle Nacht" Str. II. Vers 2.), die durch die Liebe auf geheimnisvolle Weise in die Seele eingegossen wird. Sie entspricht auch der mystischen Weisheit, die "im Dunkel wohl geborgen" (Str. II. Vers 1.) auf der Seele ruht.

187   Edith Stein: "Kreuzeswissenschaft" E.S.W. Bd. I. S.135.

D. EINIGE STEIN'SCHE RE-FLEXIONEN

Nach der ausführlichen Darlegung der johanneischen Lehre der dunklen Nacht versucht Edith Stein, einige Schlüsse zu ziehen, die für eine philosophisch-theologische Interpretation der Spanischen Mystik des 16. Jahrhunderts hochinteressant sind.

Die Seele, so stellt sie fest, ist bezüglich des Leibes (als Form des Leibes) ein gewisses Inneres; man kann jedoch bei ihr ein Inneres und ein Äußeres unterscheiden(188). In ihrem Innersten hat sie ihren seinsmäßigen Sinn und bei ihm ruht auch die Prägung ihrer Freiheit; die Begegnung mit dem Äußeren dagegen kann für sie gerade nicht das In-Besitz-nehmen ihrer selbst, sondern vielmehr die andauernde Entfernung von ihrem Innersten bedeuten. Die umgekehrte Bewegung, also die Verinnerlichung, wird in der progressiven Vereinigung mit Gott gleichgesetzt, und das kann nur geschehen, insofern die Seele als Geist dem Urbild alles geistigen Seins, also Gott, entspricht(189). Innerlichkeit und Geistigkeit sind notwendige Voraussetzungen, damit die mystische Vereinigung mit Gott überhaupt stattfinden kann.

Wenn wir aber Innerlichkeit, Geistigkeit und auf Grund dieser Geistigkeit die Möglichkeit der Vereinigung mit Gott voraussetzen, heißt das noch nicht, daß die Seele während des irdischen Lebens in der Lage wäre, dies zu erreichen. Die letzte Vereinigung ist auf jeden Fall von Gott bewirkt, der durch die Kraft seiner Liebe die Seele zu ihm hinzieht und damit eine zweifache Bewegung verursacht: eine Bewegung der Seele zu Gott und eine Bewegung der gleichen Seele in sich selbst hinein; das wird von Edith Stein in einer direkten Proportion ausgedrückt, als sie sagt: "Je höher sie zu Gott aufsteigt, umso tiefer steigt sie in sich selbst hinab"(190).

----

188 Der Räumlichkeitscharakter der Terminologie ist nicht ganz zutreffend, es gibt aber keine geeignetere Ausdrucksmöglichkeit.

189 Vgl. "Grundlagen der Stein'schen Mystik" In dieser Arbeit, S.45 ff.

190 Edith Stein: "Kreuzeswissenschaft" E.S.W. Bd. I. S.137.

1. Die Gedanken des Herzens

"Das ist das ursprüngliche Leben der Seele in ihrem Wesens-
grunde, in einer Tiefe, die vor aller Spaltung in verschiedenen Kräfte und ihre Betätigung liegt"(191). Das ist der
Ort, wo Gott seine Wohnstätte hat, und wo die Vereinigung
Gott-Seele stattfindet. Das ist das ursprüngliche Sein der
Seele und als 'Ur-leben' ist es auch ihr selbst verborgen.
Obwohl es von Edith Stein nicht so ausdrücklich gesagt
wird, handelt es sich hier nicht um Gedanken als Ergebnis einer seelischen Tätigkeit, sondern eher um etwas,
das vor jeder Tätigkeit und Ausübung der seelischen Fähig-
keiten liegt. Es hat nicht Ausdruckscharakter, sondern
vielmehr Grundcharakter. Alles, was ausgedrückt werden
kann, und daher gattungsmäßig erkennbar ist, gehört zu
dem Bereich der inneren Wahrnehmung, zum 'seelischen'
Leben; die Gedanken des Herzens aber gehören zu einem
Bereich der Spürbarkeit, der der Seele nicht eigen ist,
er wird ihr jenseits der Wahrnehmung der äußeren Welt
und jenseits jeder Wahrnehmungsmöglichkeit der Seele
selbst geschenkt. Die Gedanken des Herzens sind das Innerste, das Grundlegendste in der Seele, wovon und woraus
sie lebt(192).

2. Die Aufgabe der Freiheit

Alles, was in der Seele geschieht, geschieht nicht ohne
ihre Zustimmung. Der Ort, wo sie selbst ist, ist zugleich
der Ort ihrer Freiheit; dort, wo sie ihr ganzes Sein zusammenfassen und darüber entscheiden kann. Das steht ihr
zu und stellt das große Geheimnis der persönlichen Freiheit
dar, vor dem Gott selbst Halt macht. Gott ist alles zugänglich, das Innerste, das Tiefste der Seele, die Gedanken
des Herzens, der Ort der Freiheit; er will aber das alles
nicht ohne Zustimmung der Seele in Besitz nehmen, oder

----

191   Edith Stein: "Kreuzeswissenschaft" E.S.W. Bd. I. S.140.

192   Vgl. mit der ganzen Darstellung der 7. Wohnung der
      Hl. Teresia in der "Seelenburg".

besser gesagt, ohne daß sie es ihm als Geschenk der Liebe anbietet.

Aber... wenn die Seele die tiefste Innerlichkeit ihres Seins und die höchste Stufe der Vollkommenheit erreicht hat, stellt sich die Frage, ob sie immer noch in der Lage ist, "frei" zu entscheiden. Kann sie sich überhaupt für etwas entscheiden, das nicht Gott ist? Obwohl es widersprüchlich klingen mag, glaube ich, die Antwort ist durchaus negativ. Die Seele kann sich nur für Gott entscheiden, und das bedeutet auf keinen Fall eine Einschränkung ihrer Freiheit, sondern im Gegenteil, die vollkommenste Ausübung ihrer Entscheidungsfreiheit. Das ist der höchste Moment, in dem die mystische Vermählung stattfindet, in dem die Seele, wie Johannes vom Kreuz sagt, nicht nur über sich selbst, sondern sogar über Gott verfügen kann(193). Es heißt nicht, daß sie nicht mehr in "potentia" für etwas anderes ist, sondern vielmehr, daß ihre "Potentialität" in diesem Moment ganz von Gott erfüllt wird, und nicht nur erfüllt, sondern sogar übertroffen.

----

193 "... hace ella en Dios por Dios lo que el hace en ella por si mismo, al modo que lo hace por que la voluntad de los dos es una y asî la operación de Dios y de ella es una. De donde, como Dios se le está dando como libre y graciosa voluntad asî también ella teniendo la voluntad tanto mas libre y generosa cuanto mas unida en Dios, está dando a Dios, al mismo Dios en Dios. Por alli ve el alma que Dios es verdaderamente suyo." San Juan de la Cruz: "Oh Llama de Amor viva" Comentario B. Str. III. "Oh Lámparas de Fuego" Vers 4. In: "Obras Completas" No. 78. S.1010.
"... so tut sie in Gott durch Gott dasselbe, was er in ihr aus sich selbst tut, und in derselben Weise, wie er es tut, da ihr Wille mit dem göttlichen eins geworden ist. Und so ist das Wirken Gottes und der Seele eins. Wie nun Gott aus freiem Willen sich voll göttlicher Huld mitteilt, so ist auch ihr Wille, um so freier und großmütiger, je einiger sie mit Gott vereint ist, und gibt in Gott Gott, Gott selbst. Es ist dies eine wahre und vollständige Hingabe der Seele an Gott. Hier sieht sie, daß ihr Gott vollkommen gehöre". Johannes vom Kreuz: "Sämtliche Werke" (Anm. 172) 'Lebendige Liebesflamme' Str. III. Vers 4. München 1938. § 17. S.124.

3. Die Übereinstimmung von Johannes vom Kreuz und Teresia von Avila

Johannes vom Kreuz hat drei Arten der Vereinigung mit Gott unterschieden: das Wohnen Gottes in den geschaffenen Dingen, wodurch sie zugleich im Sein erhalten werden; das gnadenhafte Wohnen Gottes im Inneren der Seele und die mystische Vereinigung der Seele mit Gott durch die vollkommene Liebe.

Auch die heilige Teresia, die zuerst nur an die Anwesenheit Gottes in der Seele durch die Gnade geglaubt hatte, gibt zu, daß Gott durch sein Wesen Gegenwart und Macht in jedem Ding sei, und aus eigener Erfahrung weiß sie um die Möglichkeit der geistigen Vereinigung in der Vermählung der siebten Wohnung.

Daß Gott also in der Schöpfung gegenwärtig ist und daß er alle Dinge im Dasein erhält, war beiden bekannt, und beide stimmen darin voll überein. Beide sind auch fest davon überzeugt, daß das gnadenhafte Wohnen Gottes in der Seele eine andere Art von Gegenwärtigsein als das allen Geschöpfen gemeinsame seinserhaltende Gegenwärtigsein Gottes darstellt. Das Wohnen Gottes in der Seele setzt ja eine 'Innerlichkeit' voraus, die nur bei den persönlichgeistigen Wesen vorhanden ist, und die eine "capacitatem gratiae" besitzt(194). "Nur was geistig lebt, kann auch geistiges Leben in sich aufnehmen"(195).

Die Übereinstimmung zwischen beiden Heiligen ist allerdings, was das Stadium der Vereinigung angeht, nicht so einwandfrei. "Die hl. Mutter meint im Gebet der Vereinigung die erste Art des Innewohnens erfaßt zu haben, das vom gnadenhaften Innewohnen unterschieden ist, während nach dem "Aufstieg" die Vereinigung durch die Liebe als ein höherer Grad der gnadenhaften Vereinigung in An-

----

194 Die Scholastik würde hier vielleicht von "potentia oboedientialis" sprechen. Vgl. Thomas von Aquin: I. q.115, a.2; 1. d.42, q.2, a.2; 2. d.1, q.1, a.1; D. Ver. q.8, a.4, 13. etc.

195 Edith Stein: "Kreuzeswissenschaft" E.S.W. Bd. I. S.150.

spruch zu nehmen ist"(196). Nach der Darstellung der hl. Teresia handelt es sich nicht um ein 'Innewohnen', das nur gradmäßig verschieden ist. Vielmehr geht es hier um eine Art der Gnade, die Gnade der Vereinigung, weshalb jede Bemühung sinnlos ist. Das ist eine Vereinigung, die Gott allein geben kann und die nichts mit unseren Bemühungen zu tun hat.

Es würde nicht ganz stimmen, gegenteilig zu sagen, daß Johannes vom Kreuz, indem er sich für einen nur gradmäßigen Unterschied ausspricht, die unersetzbare Führung der Gnade ausschließt; er hat sich aber zu dieser Frage vielleicht nicht so ganz klar und eindeutig wie die heilige Teresia geäußert. Auf jeden Fall ist zu beachten, daß für ihn die letzte Vereinigung der Seele mit Gott außerhalb des 'normalen' Gnadenweges liegt(197).

Kein Zweifel sollte auch daran bestehen, daß über die Äußerung ihrer Lehren hinaus, eine weitgehende Übereinstimmung zwischen den beiden bezüglich einer geistigen Führung des Lebens und des Verständnisses des Ordenslebens stattgefunden hat. Dies wurde auch von Edith Stein ganz deutlich gespürt, und daher ist es klar, daß sie sich immer wieder bemüht, beide 'Ordenseltern' zusammenklingen zu lassen. Es ist vielleicht eine Anmaßung für einen Dominikaner, so etwas zu behaupten, ich meine aber, daß ohne das Zusammenwirken beider die Reform des Karmels nicht vollkommen hätte durchgeführt werden können.

---

196 Edith Stein: "Kreuzeswissenschaft" E.S.W. Bd. I. S.151.

197 Die Erklärung (primär auf zeitgeschichtliche Gründe gestützt), die Edith Stein für diese 'Schwächung' seiner Lehre vorschlägt (nämlich, um nicht als Illuminat bezeichnet zu werden) scheinen mir in diesem Fall nicht zutreffend genug zu sein. Eine theologische Untersuchung hätte genügende Elemente gefunden, Johannes vom Kreuz rechtfertigen zu können, ohne auf die "Angst vor der Inquisition" zurückzugreifen. Das versucht sie dann selbst anhand einiger augustinischer Gedanken.

4. Glaube und Beschauung

Beide Begriffe (und Tatsachen des mystischen Lebens) werden oft von Johannes vom Kreuz gebraucht, und beide werden als dunkle liebende Erkenntnis bezeichnet. Es geht
nun darum, festzustellen, inwiefern beide Begriffe gleich-
bedeutend sind oder nicht, was bei der Lehre Johannes
vom Kreuz nicht der Fall zu sein scheint. Den Glauben
hatte Johannes vom Kreuz als eine 'dunkle Erkenntnis' definiert, der gewonnen wird, indem das Licht der natürlichen Erkenntnis völlig preisgegeben wird. Die Beschauung
ist dagegen, so Johannes vom Kreuz im "Aufstieg zum Berge Karmel", wie dieser 'Strahl der Finsternis', worüber
Dionysius in seiner "Mystischen Theologie" spricht(198).
Im 9. Kapitel des II. Buches des eben zitierten Werkes von
Johannes vom Kreuz, gibt er uns eine Spur, diesen Unterschied herauszufinden: "La inteligencia oscura y general
está en una sola, que es la contemplación que se da en
la fe"(199). Die Beschauung wird so nicht mit dem Glauben
gleichgesetzt, sondern sozusagen als Endergebnis der Tätigkeit des Glaubens verstanden. Der Glaube und die Wahrheiten, die er enthält, sind der Stoff, in dem die Beschauung
ruht. Die Schwierigkeit dieser Unterscheidung liegt jedoch
darin, daß für Johannes vom Kreuz (wie in dem vorhergehen-
den Paragraphen "Übereinstimmung..." bereits schon gesagt
wurde) der Unterschied zwischen gnadenhaftem Innewohnen
Gottes und mystischer Vereinigung nicht sehr deutlich ist.
In unserem Fall wäre die Beschauung ein 'effectum' der
Vereinigung und der Glaube gehörte zu dem Innewohnen
Gottes in der Seele. Beide verursachen außerdem wechselseitige Strömungen, die zu dem anderen führen. Der Glaube liefert den Stoff und führt zur Beschauung, die Beschauung ihrerseits erhellt (für den Verstand heißt es ver-
dunkelt!) die Glaubenswahrheiten.

Wenn wir auch den Unterschied zwischen den Kräften der
Seele mit einbeziehen (Verstand, Gedächtnis, Willen), könn-

----

198   Vgl. Dionysius der Pseudo-Areopagit: "Mystische Theo-
      logie" Kap. I. PG. III. M. S.999 ff.

199   "Die dunkle und allgemeine Verstandeserkenntnis ist
      nur eine: das ist die Beschauung, die sich uns im
      Glauben gibt".

ten wir mystisch-anthropologisch schließen, daß der Glaube in erster Linie Sache des Verstandes ist, die Beschauung aber umfaßt alle Kräfte der Seele, insofern sie bei der Vereinigung mit Gott zustande kommt, und diese Vereinigung, die durch die Hingabe der Liebe geschieht, den ganzen Menschen bedeckt und erhöht. Diese Bedeckung und Erhöhung finden selbstverständlich 'kreuzartig' statt. Das ist nichts anderes als der Weg der Nachfolge Christi, der "durch sein Leiden zur Herrlichkeit der Auferstehung führt. Genau das ist es, was in der Beschauung erfahren wird: das Hindurchgehen durch den sühnenden Brand zur seligen Liebesvereinigung"(200). Also, durch "Die Dunkle Nacht" in die "Lebendige Liebesflamme".

E.   DIE LEBENDIGE LIEBESFLAMME

LLAMA DE AMOR VIVA

I

Oh llama de amor viva,
Que tiernamente hieres
De mi alma en el más
profundo centro,
Pues ya no eres esquiva,

Acaba ya si quieres,
Rompe la tela de este
dulce encuentro.

II

Oh cauterio suave!
Oh regalada llaga!
Oh mano blanda! Oh toque
delicado,
Que a vida eterna sabe,
Y toda deuda paga!
Matando, muerte en vida
la has trocado.

LEBENDIGE LIEBESFLAMME

I

O Flamme lebend'ger Liebe,
Die zart Du mich verwundest
In meiner Seele allertiefstem
Grunde!
Da Du nicht mehr voll
Schmerzen,
Vollende, wenn's Dein Wille,
Zerreiß den Schleier dieses
süßen Treffens.

II

O Feuerbrand, so lieblich!
O Wunde voller Wonne!
O linde Hand! O zarteste
Berührung!
Läßt ew'ges Leben kosten
Und zahlest alle Schuld!
Die tötend Du den Tod in
Leben wandelst.

----

200   Edith Stein: "Kreuzeswissenschaft" E.S.W. Bd. I. S.165.

III

Oh lámparas de fuego,
En cuyos resplandores
Las profundas cavernas
del sentido,
Que estaba obscuro y çiego,
Con extraños primores
Calor y luz dan junto a su
querido!

III

O lichte Feuerlampen,
In deren Strahlenfluten
Des Sinnes abgrundtiefe
Höhlen
So blind einst und so dunkel,
In Schönheit sondergleichen
Wärme und Licht vereint
weih'n dem Geliebten!

IV

Cuán manso y amoroso
Recuerdas en mi seno,

Donde secretamente solo
moras:
Y en tu aspirar sabroso
De bien y gloria lleno
Cuán delicadamente me
enamoras!

IV

Wie sanft und voller Liebe
In meinem Schoß erwachst
Du,
Wo Du verborgen weilest ganz
allein;
Mit Deinem süßen Hauche,
Voll Glück und Herrlichkeiten,
Wie zart läßt Du in Liebe
mich entbrennen!

Das ist einfach der Höhepunkt der johanneischen und der spanischen Mystik. Hier muß man eine Pause machen, und das Gedicht nochmals lesen. Die Seele hat die dunkle Nacht überstanden und verzehrt sich jetzt in einer Liebesflamme, entströmt sich in einem Liebesschrei. Es gibt ja gar nichts zu sagen ... nur lieben und lieben, weil er uns zart in der Liebe entbrennen läßt. Johannes vom Kreuz selbst hatte sich anfangs nicht getraut, solche Tiefe, solchen Ausdruck der geistigen und innerlichen Liebeserfahrung zu kommentieren. Die Seele, die mühsam und schmerzhaft durch die Nacht hindurchgegangen ist, gelangt jetzt ans Ziel des langen Kreuzwegs. Die Kreuzerfahrung ist Auferstehung, Liebeserfahrung geworden. Das zarte Licht der Morgendämmerung zerreißt den Schleier der nächtlichen Finsternis, und die Feuerlampen brennen wie die Sonne, die den neuen Tag erhellt.

Das ist das Gedicht, das in der zutreffendsten Form das
Geheimnis der Vereinigung darlegt(201). Die Schmerzen sind
schon vorbei; die Seele hat sie aber trotzdem nicht ganz
vergessen(202) und sehnt sich leidenschaftlich nach dem
Zerreißen des Schleiers, das das süße, ewige Treffen ermöglichen wird. Es ist eine so tiefe, süße, schöne, zarte,
... unbeschreibliche Erfahrung der 'Berührung' der Liebe,
daß es der Seele unerträglich wird, noch nicht auf ewig
bei Gott sein zu können: "Ohn' in mir zu leben, leb' ich/
.../Und ich sterb' darum, weil ich nicht sterbe"(203).

Die lebendige Liebesflamme des Heiligen Geistes berührt
die Seele und mit himmlischer Zärtlichkeit verwundet sie
sie in ihrem tiefsten Inneren. "Im allertiefsten Grunde"
der Seele, wohin keine Störungen zu dringen vermögen,
zerfließt sie ganz in Liebe(204). Das ist zwar nicht die
Vollkommenheit des ewigen Lebens, die Seele spürt aber
solch eine süße Wonne, daß sie den Unterschied kaum merken kann. Um zu dieser Vollkommenheit zu gelangen, fehlt
noch etwas, nämlich, daß das letzte trennende Gewebe
zwischen Gott und der Seele beseitigt wird: die Zeitlichkeit. Wenn die Zeitlichkeit, letzter dünner und zarter
Schleier der Vereinigung, überstanden wird, findet die
vollkommenste Erfahrung der Begegnung statt. "Die Seele
darf hier Gott lebendig kosten, und nennt dieses Treffen
vor allen anderen Bemühungen und Begegnungen süß, weil
es alle anderen an Erhabenheit übertrifft. So bereitet Gott
die Seele auf die vollkommene Beseligung vor, und gibt
ihr selbst die Bitte ein, jenen zarten Schleier zu zerreißen, damit sie fortan ohne Schranken und ohne Ende in

----

201   Vgl. Dámaso Alonso: "La poesía de San Juan de la
      Cruz" Madrid. 1966. S.118.: "El que mas honda y
      apasionadamente se acerca al misterio de la unión
      divina es el poema de la Llama".

202   "Da Du nicht mehr voll Schmerzen" Str. I. Vers 4.

203   "Vivo sin vivir en mi / y de tal manera espero / Que
      muero por que no muero". San Juan de la Cruz:
      "Obras Completas" S.102.

204   Vgl. Edith Stein: "Kreuzeswissenschaft" E.S.W. Bd. I
      S.168.

der Fülle und Ersättigung, nach der sie verlangt, Gott lieben könne"(205).

In der ersten Strophe wird hauptsächlich das Werk des Heiligen Geistes beschrieben, in der zweiten jedoch kommt die Trinität in den einzelnen Personen zum Ausdruck. "Der Feuerbrand ist der hl. Geist, die Hand ist der Vater und die Berührung der Sohn"(206). Dem 'lieblichen Feuerbrand', der unter den Personen der Dreifaltigkeit den Heiligen Geist darstellen sollte, verdankt die Seele die 'Wunde voller Wonne'. Als verzehrendes Feuer(207) läßt Gott die Seele in seiner Liebe brennen, und wandelt ihre Sünde und Elendswunden in Wunden der Liebe(208). Die 'linde Hand' ist der liebevolle und allmächtige Vater, dessen Berührung die schönste Süßigkeit und Tröstung für die Seele bedeutet. Schließlich wird diese Berührung, in der Person Jesu Christi, das Wort Gottes selbst, das die Seele ewiges Leben kosten läßt.

Was könnte die Seele noch auf dieser Erde erwarten, wenn sich in ihrem Innersten die dreifaltige Anwesenheit spüren läßt? Jedes Leiden, jeder Schmerz, jeder Verzicht, jede Sorge, jede Mühe, jede 'Schuld' wird so bezahlt; Gott hat getötet, und alles was nicht zur Vereinigung gehörte, hat er vernichtet, und so 'tötend hat er den Tod in Leben gewandelt'. Der alte Mensch ist in der Nacht gestorben, und der neue Mensch ist in der Vereinigung geboren durch das ewige Licht der Auferstehung.

----

205 Edith Stein: "Kreuzeswissenschaft" E.S.W. Bd. I. S.173.

206 "El cauterio es el Espîritu Santo, la mano es el Padre y el toque es el Hijo". San Juan de la Cruz: "Obras completas". Comentario a la Canción 2. S.945.

207 Das Bild ist vom Alten Testament genommen. Deut. 4,24.

208 Die Wunde, von der hier die Rede ist, könnte auch nach der Lehre von Johannes vom Kreuz sichtbar werden. So beim Herz der heiligen Teresia oder auch die Stigmatisationen.

In der dritten Strophe begegnet die Seele den Eigenschaften Gottes. Seine Barmherzigkeit, Güte, Weisheit und auch nicht zuletzt seine Liebe sind die Feuerlampen, die die Seele erleuchten und sie mit Liebesglut erfüllen. Die ebengenannten Lampen sind viele, aber zugleich auch nur eine "und so wird die Seele von jeder dieser Lampen besonders und von allen gemeinsam entflammt"(209). Wenn von Strahlenfluten gesprochen wird, in denen die Seele erglänzt, so sind damit die liebesglühenden Erkenntnisse der göttlichen Vollkommenheit gemeint. Diese Strahlen sind ganz anders als die normalen Strahlen des natürlichen Bereiches, die die Dinge von außen her beleuchten; die Strahlen der göttlichen Vollkommenheit erglänzen im Inneren der Seele, und davon ausgehend, erhellen sie die ganze Realität und entflammen in der ewigen Liebe die Seele und alles was ihr gehört.

Drei Eigenschaften hat die Seele, die während der dunklen Nacht zur Entblößung geführt wurden (Verstand, Wille und Gedächtnis), und alle drei werden in der Vereinigung gesättigt werden. Diese Eigenschaften werden jetzt von Johannes vom Kreuz "die Höhlen" genannt. Die erste Höhle ist der Verstand, der sehnsüchtig nach der göttlichen Weisheit verlangt; die zweite ist der Wille, der nach Gott hungert und nach der Vollkommenheit in der Liebe strebt; sie hat schon selbst etwas von dieser Liebe in sich, je größer aber diese Liebe ist, desto ungeduldiger wartet sie auf die endgültige Vereinigung mit Gott. Die dritte Höhle schließlich ist das Gedächtnis, das sich nach dem Besitzen Gottes verzehrt.

Bevor die Seele und ihre Kräfte von Gott erleuchtet und erhellt wurde, war sie mit Blindheit und Dunkelheit geschlagen. Die Augen der Seele konnten das Innewohnen Gottes nicht wahrnehmen, solange er ihr nicht mit seinem Licht seine Anwesenheit offenbart. Dunkelheit ist hier auch nicht mit Finsternis gleichzusetzen, weil Finsternis eine freiwillige Entfernung von Gott ist, die von der Seele beseitigt werden kann; die Dunkelheit meint jedoch die Unfähigkeit der Seele, ohne die notwendige Hilfe einer besonderen Gnade, die letzte Vereinigung mit Gott zu erlangen. Wenn sie stattgefunden hat, also wenn die Seele nicht nur

----

209 Edith Stein: "Kreuzeswissenschaft" E.S.W. Bd. I. S.182.

von der Finsternis, sondern auch von der Dunkelheit befreit wurde, erfährt sie 'die Schönheit sondergleichen, die dem Geliebten Wärme und Licht im Verein weihen'(210).

In der letzten Strophe "spricht die Seele von einer wunderbaren Wirkung Gottes, die sie bisweilen in sich wahrnimmt"(211). Gott erwacht auf mannigfache Weise in der Seele in der Person des Sohnes, und das ist der höchste und schönste Gewinn, den die Seele empfangen könnte. "Daß die Seele in der Schwäche des Fleisches bei einem so herrlichen Erwachen nicht in Ohnmacht gerät und vor Furcht vergeht, ist einmal daraus zu erklären, daß sie sich schon im Stande der Vollkommenheit befindet"(212). Sie ist ganz von Unreinheit gereinigt, so daß sich ihr der sanfte und liebevolle Gott auf diese Weise zeigen kann. Er sorgt dafür, daß die Seele keinen Schaden nimmt; durch seine Gnade schützt er die Natur, damit sie ihn, den Sohn und den hl. Geist empfangen kann. Dies alles, Liebes- und zugleich Machterfahrung, findet, wie schon oft wiederholt, im Innersten der Seele statt, dort, wo er 'verborgen ganz alleine weilet'.

----

210 Es ist nicht einfach, zu verstehen, wieso **die Seele**
     dem Geliebten Licht und Wärme spenden ('weihen')
     kann, wenn es eher nur umgekehrt sein sollte. Es ist
     aber so, daß die Seele wiedergibt, was sie "von Gott
     in Gott" bekommt: "Sie sind Gott schon ähnlich (hier
     sind die Kräfte der Seele gemeint) und durch die
     Lichtfülle der göttlichen Lampen selbst zu brennenden
     Lampen geworden und spenden dem Geliebten dasselbe
     Licht und dieselbe Wärme, die er ihnen verliehen
     hat". "...inclinadas ellas a Dios en Dios, hechas
     también ellas encendidas lámparas en los resplandores
     de las lámparas divinas, dando al Amado la misma
     luz y calor que reciben". San Juan de la Cruz:
     "Canción de la LLama" C. III. In: "Obras Completas"
     S.1233. Wohl zu bemerken, es handelt sich um den
     Text der ersten Redaktion (A), der hier deutlicher
     als der zweite ist.

211 Edith Stein: "Kreuzeswissenschaft" E.S.W. Bd. I. S.190.

212 Edith Stein: "Kreuzeswissenschaft" E.S.W. Bd. I. S.192.

Am Ende weigert sich Johannes vom Kreuz, weiter zu kommentieren(213), weil er nichts mehr darüber zu sagen weiß, und, wenn er etwas sagen würde, wäre es nur eine Verdunklung dessen, was im Gedicht schon gesagt worden ist. So endet, in der Entbrennung der zarten Liebe, das schönste und tiefste mystische Gedicht des Vaters der karmelitischen Reform und Meisters der Mystik, Juan de Yepes, Juan de Santo Matîas, "San Juan de la Cruz".

F. DER "GEISTLICHE GESANG" ZWISCHEN DER SEELE UND DEM BRÄUTIGAM(214)

Gegenüber der Stille und 'himmlischen Ruhe', mit der die Liebesflamme die Seele verzehrt, wird im "Geistlichen Gesang" die leidenschaftliche Liebe der Braut, und zusammen mit ihr, die ganze Schöpfung in Bewegung gebracht. Die anderen Gedichte (215) und ihre jeweiligen Erklärungen

----

213 "Von diesem Hauch, der die Seele mit einem Übermaß von Glück, Beseligung und zärtlicher Liebe erfüllt, wollte und will ich nicht sprechen". "En la cual aspiración llena de bien y gloria y delicado amor de Dios para el alma, yo no quería hablar ni aún quiero..." San Juan de la Cruz: "Obras Completas" Ende des Kommentars des Liedes "Lebendige Liebesflamme" (B). S.1022.

214 Ich kann leider, wegen des Umfangs, den Text des "Geistlichen Gesanges" nicht ganz wiedergeben. Man kann ihn jedoch zweisprachig im Werk Edith Steins ("Kreuzeswissenschaft" S.196-205) finden und ferner auf Spanisch in der schon öfters zitierten Gesamtausgabe der Werke des Johannes vom Kreuz oder auf Deutsch in: Johannes vom Kreuz. Neue dt. Ausg. v. Aloisius ab Immaculata Conceptione und Ambrosius a Sancta Theresia. (5 Bände) Band IV. Kösel. München. 1967.

215 "Die Dunkle Nacht" ('Aufstieg zum Berge Karmel' und 'Die Dunkle Nacht') und die "Lebendige Liebesflamme".

hatten stufenweise den Gang der Seele vom Sinnenleben bis
zur mystischen Vereinigung mit Gott wiedergegeben; im
"Geistlichen Gesang" wird, zur Bereicherung, der ganze
mystische Weg geschildert, und zwar nicht erst bei der
Erklärung des Gedichtes, sondern schon in den Strophen
selbst.

Der Gesang ist in drei Abschnitte eingeteilt und jeder dieser Abschnitte entspricht einer der Stufen oder Wege, die
sie durchschreiten muß, um vom 'Dienst Gottes' zum letzten
Zustand der Vollkommenheit, d.h. der geistlichen Vermählung zu gelangen. Die drei Wege sind der Reinigungs-
(via purgativa), der Erleuchtungs- (via iluminativa) und
der Einigungsweg (via unitiva). Die letzten Strophen behandeln den seligen Zustand, dem die Vollkommenen zu-
streben(216). Diese drei Wege sind im Gesang enthalten,
aber nicht in einer zeitlichen oder aufeinanderfolgenden
Ordnung, weil z.B. die Vereinigung schon am Anfang
vorausgesetzt wird und den Gesang bis zum Ende durch-
dringt(217).

Die Seele ist von Gott verletzt worden und kann keine Ruhe
mehr finden, solange sie nicht auf ewig mit Gott vereint
ist. Sie kann nichts anderes tun, als Gott zu lieben, und
verzehrt sich in Sehnsucht nach seiner Anschauung. Die
Bilder des Hohenliedes kommen hier ganz deutlich zum Ausdruck, und so beginnt ein leidenschaftliches Liebesspiel
zwischen dem liebenden Gott und der geliebten Seele bzw.
zwischen der liebenden Seele und dem geliebten Gott.

----

216   Vgl. San Juan de la Cruz: "Cántico Espiritual" Argu-
      mento. In "Obras Completas" S.685. Diese Zusammen-
      fassung gehört nur zu der zweiten Redaktion des Ge-
      sanges.

217   Esposa: Die Braut:

                   1.   1.

      A dónde te escondiste,   Wo Du geheim wohl weilest,
      Amado, y me dejaste   Geliebter, der zurückließ
      con gemido?   mich in Klagen?
      Como el ciervo huiste,   Dem Hirsch gleich Du
                                     enteilest,
      Habiéndome herido;   Da Wunden Du geschlagen:
      Salî tras ti clamando,   Ich lief und rief, doch
      y eras ido.   konnt' Dich nicht erjagen.

Edith Stein faßt den ganzen Vorgang des Gesanges hervorragend zusammen "... als ein Aufsteigen von einer Stufe
der Liebesvereinigung zur anderen, oder als ein immer tieferes Hineingezogenwerden: erst eine flüchtige Begegnung,
dann – nach der Sehnsucht und Qual des Suchens – ein
Emporgerissenwerden zur innigsten Verbindung, eine Zeit
der Vorbereitung auf das dauernde Eingehen in diese Verbindung und schließlich der unstörbare Friede der Vermählung"(218).

Um dies zu beschreiben, konnte der Dichter nicht auf das
Bild und nicht auf die Symbolik verzichten, und deshalb
wird das Verhältnis der Seele unterwegs zur Liebesvereinigung mit Gott als bräutliche Verbindung bezeichnet, und
dies mit allen Eigenschaften, die der Seele als Braut und
Gott als Bräutigam eigen sind(219).

1. Das Brautsymbol als Liebessymbol

Schon die Tatsache, daß Johannes vom Kreuz die Bilder-
sprache und die Symbolik des Hohenliedes übernommen hat,
zeigt uns ganz deutlich, daß er die innere Welt der sehn-
suchterfüllten und liebestrunkenen Seele beschreiben will.
Der Bräutigam nennt seine Braut 'Taube', "weil sie im
hohen und leichten Flug der Beschauung aufsteigt, weil
sie einfältigen Herzens ist und brennend von Liebe"(220).
Die Seele brennt in der Flamme der Liebe und verlangt,
immer mehr zu brennen. Die Anwesenheit des Geliebten ist
alles, was sie sich wünscht, und stellt die Erfüllung ihrer
Sehnsucht dar. Das Sich-gegenseitig-suchen und Ergeben
schildert die Liebesgeschichte der Seele und Gott während

---

218   Edith Stein: "Kreuzeswissenschaft" E.S.W. Bd. I. S.212.

219   Eine schöne Reflexion über das Bild der Brautschaft
      in der gegenwärtigen Gesellschaft kann man nachlesen
      in: Schmitt, Veronika: "Gebet als Lebensprozeß. Tere-
      sia von Avila – Edith Stein". München. 1982. S.108.

220   Edith   Stein: "Kreuzeswissenschaft"   E.S.W.   Bd.   I.
      S.217.

der Nacht und in der Vollkommenheit der Vereinigung. Diese Liebe vollzieht sich dann auch in der Welt, wenn der Seele in der Ruhe und im Schweigen der lichterhellten Nacht gestattet wird, "die wunderbare Harmonie und Ordnung der göttlichen Weisheit in der Verschiedenheit aller ihrer Geschöpfe und Werke zu schauen"(221).

Jede Strophe des Gesanges ist ein Schrei der Liebe und ein Schrei des Leidens zugleich. Johannes vom Kreuz ist davon überzeugt, daß Liebe und Leiden untrennbar und eng zusammengehören. Man könnte sogar sagen, daß je größer die Liebe ist, umso tiefer das Leiden wird, wenn der Geliebte sich entfernt(222) oder solange die letzte Vereinigung nicht stattgefunden hat(223). Grundlegend dabei ist auf jeden Fall die Liebe, und nicht das Leiden. Lange Zeit hat eine gewisse Spiritualität der Kirche das Leiden und die Leidenserfahrung des Kreuzes betont, und vielleicht auch nicht zu Unrecht, man darf aber nicht vergessen, daß das Leiden nur als Mangel an Liebe einen Sinn haben kann. Es gibt kein Leiden, auch kein Kreuz und keine dunkle Nacht, die von der Liebesvereinigung getrennt, die Seele in ihrer Sehnsucht zur Vollkommenheit befriedigen kann.

Für die Seele, die sich auf dem mystischen Weg befindet, ist die Liebe ihr Alles, der Sinn ihres Seins und ihres

----

221   Edith Stein: "Kreuzeswissenschaft" E.S.W. Bd. I. S.220.

222   "A donde te escondiste Amado y me dejaste con gemido", "Wo Du geheim wohl weilest, Geliebter, der zurückließ mich in Klagen". Geistlicher Gesang Str. I. Vers 1-2.

223   Esposa: Die Braut:

      35 (36).   35 (36).

      Gocémonos, Amado,   Laß Freude uns umwehen!
      Y vámonos a ver en   Daß wir in Deiner Schön-
      tu hermosura   heit schauen gingen.
      Al monte o al collado,   Wo Berg und Hügel stehen,
      Do mana el agua pura;   Wo Wasser rein entspringen;
      Entremos más adentro   Laß tiefer uns hinein ins
      en la espesura.   Dickicht dringen.

Werdens, das Zentrum ihrer Existenz und das Ziel jeder
Bemühung. In der Liebe ist die Seele "selbst", und in ihr
findet sie die Überbietbarkeit all dessen, was man sagen,
denken und spüren kann. Diese Liebe, die auch Leiden
ist, weil sie am Stamm des Kreuzes vollzogen wird, ist das
höchste Geschenk, das die Seele überhaupt von Gott bekommen kann. Deshalb ist die Erfahrung dieser Liebe mit der
Vollkommenheit der Seele gleichzusetzen, bei ihr ist das
Suchen zu Ende, das Ziel erreicht.

Die Mystiker, und unter ihnen nicht zuletzt Johannes vom
Kreuz, haben nie Angst gehabt, mit offenen Worten über
die Liebe zu sprechen. Die Schwierigkeit, diese Haltung
richtig zu verstehen, hängt jedoch meiner Meinung nach
damit zusammen, daß die Welt von heute und die einzelnen Menschen, die in dieser Welt leben, den Sinn der Worte und die Realitäten, denen sie entsprechen, verraten
haben. Der Dienst der Ideologien und die 'Überlieferung'
von falschen Ängsten und Hemmungen haben den Geist der
Mystik getötet. Es obliegt jedem von uns die unverzichtbare Aufgabe, diesen Geist wieder lebendig zu machen, und
uns in den Dienst der Liebe zu stellen. Nur auf diese
Weise wird in unseren Herzen die lebendige Flamme der
Liebe wieder brennen, und der Geliebte wird unsere Seele
– unsere Person – zärtlich umarmen, um uns so in alle
Ewigkeit seine unendliche Liebe spüren zu lassen.

2. Brautsymbol und Kreuz

Es ist schon vieles über das Kreuz gesagt worden. Gibt es
noch etwas zu sagen? Ja... und zwar, daß es nicht nötig
ist, "vieles" oder überhaupt etwas über das Kreuz zu sagen, wenn man nicht bereit ist, wie die Braut im Gesang,
das Kreuz auf sich zu nehmen, um zur Liebesvereinigung
zu gelangen. Es ist auch schon gesagt worden, daß die
Vollendung des Seins der Seele in der Liebe stattfindet,
und daß die Liebe der Inhalt der Vereinigung mit Gott
ist, die die ganze Schöpfung aufnimmt und erhellt. "So
gehören eigene Seinsvollendung, Vereinigung mit Gott und
Wirken für die Vereinigung anderer mit Gott und ihre Seinsvollendung unlöslich zusammen. Der Zugang zu all dem
aber ist das Kreuz. Und die Predigt vom Kreuz wäre eitel,
wenn sie nicht Ausdruck eines Lebens in Vereinigung mit

dem Gekreuzigten wäre"(224). Diese Vereinigung setzt die
absolute Identifikation mit dem Gekreuzigten voraus, im
Leben, Leiden und Sterben Christi bis zur letzten und tiefsten Erfahrung der Gottesverlassenheit. Die Braut wird im
Leiden des Kreuzes geläutert, und deshalb wird der ganze
Weg zur Vereinigung von der Erfahrung des Kreuzes begleitet. Man muß jedoch hier zusammen mit Edith Stein auf
einen sehr interessanten Unterschied aufmerksam machen.
Die Vereinigung der Seele als Braut mit Gott als Bräutigam
wird nie den Rang der Vereinigung der menschlichen Natur
mit der Gottheit in der hypostatischen Union der 'Persona
Christi' erreichen. Wenn es sich um die Seele handelt,
wird die Zweiheit Gott-Seele nicht aufgehoben. Die Vereinigung also, die durch die wechselseitige Hingabe der Liebe
stattfindet, stellt keine Einheit hypostatischer Art dar.
In Christus werden menschliche und göttliche Natur eine
absolute persönliche Einheit. Auf Grund dieser Einheit ist
die wahre Gottverlassenheit in ihrer ganzen Tiefe nur
Christus vorbehalten und konnte nur von ihm erlitten werden, weil er Gott und Mensch zugleich war. "So ist die
Menschwerdung Bedingung dieses Leidens, die menschliche
Natur als leidensfähige und wirklichleidende, Werkzeug der
Erlösung"(225). Man könnte die ganze Heilsgeschichte und
das Werk der Erlösung als eine neue Vermählung zwischen
der gefallenen Natur und dem barmherzigen Gott durch das
Kreuz Christi beschreiben. Insofern hat der Brautschafts-
charakter der Seele die Menschwerdung Christi als Modell
der Vereinigung vor sich, und der Kreuzestod dient als
Wegweiser der Reinigung und Vorbereitung der Erlösung,
die der Seele die Wiederaufnahme im trinitarischen Leben
ermöglicht.

Heilsgeschichtlich gesehen kann daher "die Braut" zur Vereinigung nur gelangen, wenn die Menschwerdung Christi
vorausgesetzt wird, und insofern sie mit der Symbolik des
Kreuzes übereinstimmt bzw. sich identifiziert. Je mehr sich
die Seele auf das Kreuz ausstreckt, desto wirklicher wird
ihre Brautschaft mit dem Gekreuzigten. Sie wird an das
Kreuz zusammen mit dem Gekreuzigten genagelt und dort
spürt sie die Liebe des Geliebten, so wie den Übergang

----

224   Edith Stein: "Kreuzeswissenschaft" E.S.W. Bd. I. S.252.

225   Edith Stein: "Kreuzeswissenschaft" E.S.W. Bd. I. S.227.

zur Auferstehung, wo die letzte Vereinigung stattfinden
soll. Das ist der Sinn ihres Daseins und die Vollendung
ihrer Sehnsucht. "So ist die bräutliche Vereinigung der
Seele mit Gott das Ziel, für das sie geschaffen ist, erkauft
durch das Kreuz, vollzogen am Kreuz und für alle Ewigkeit
mit dem Kreuz besiegelt"(226).

---

226   Edith Stein: "Kreuzeswissenschaft" E.S.W. Bd. I. S.241.

DIE 'SEQUELA CRUCIS'

Wenn irgend jemand glaubt, daß die Kreuzeswissenschaft eine "Theorie des Kreuzes" ist, täuscht er sich sehr. Nichts steht dieser "Wissenschaft" ferner, als die nicht im Leben verwirklichte verstandesmäßige Analyse des Ereignisses des Kreuzes. Die Kreuzeswissenschaft trägt den Stempel des Kreuzes und ist mit dem Blute Christi auf Herzen von Fleisch geschrieben. Edith Stein versucht ja keine "Logie" des Kreuzes zustande zu bringen, sondern die "Theo-logie" des Kreuzes des Johannes vom Kreuz zu beschreiben, und sie selbst zu verwirklichen(227).

Die für uns fragmentarisch erhaltene Schlußfolgerung der Arbeit Edith Steins über die Kreuzeswissenschaft ist ein eindeutiger Beweis dafür, daß die echte "Sequela Crucis" in der zugleich freien und von der Gnade geleiteten Durchführung eines Lebens vollzogen wird. Nur auf diesem Hintergrund kann man verstehen, daß Edith Stein mit einer Fülle von biographischen Daten fortfährt. Es geht nun nicht mehr darum, die Vor- und Nachteile eines bestimmten Überbaus von Prinzipien zu untersuchen, es geht vielmehr darum, das lebendige Bild des Gekreuzigten in der Gestalt des Ordensvaters zu verkündigen. "Gut ist es, den Gekreuzigten im Bild zu verehren und Bilder zu verfertigen, die zu seiner Verehrung anspornen. Aber besser als Bilder aus Holz oder Stein sind lebendige Bilder. Seelen nach dem Bilde Christi zu formen, ihnen das Kreuz ins Herz zu pflanzen, war die große Aufgabe des Ordensvaters und Seelenführers."(228) Man könnte behaupten, daß Johannes vom Kreuz tatsächlich ein lebendiges Bild des Gekreuzigten gewesen ist und es im Leibe und in der Seele der Karmeliten und Karmelitinnen immer noch bleibt; daß er in der

---

227 "Die Kreuzeslehre des hl. Johannes wäre nicht als Kreuzeswissenschaft in unserem Sinn anzusprechen, wenn sie auf bloßer Verstandeseinsicht beruhte. Sie trägt den echten Stempel des Kreuzes". Edith Stein: "Kreuzeswissenschaft" E.S.W. Bd.I. S.243.

228 Edith Stein: "Kreuzeswissenschaft" E.S.W. Bd. I. S.244.

Existenzweise der Liebe seine eigene Existenz verzehrt hat, und daß diese Flamme in hunderten von Klöstern und tausenden von Herzen immer noch brennt. Man könnte ja annehmen, daß er 'Liebe hineingelegt hat, dort, wo es keine Liebe gab und daraus Liebe geschöpft hat' und auch, daß diese Liebe immer wieder weiter hineingelegt wurde, so daß sie auch noch heute wirksam ist.

Man könnte doch vieles sagen, annehmen oder behaupten. Wie könnten wir es aber beweisen? Es ist jetzt nicht meine Absicht, zu untersuchen, ob die Flamme der Liebe noch brennt oder ob die Liebe Liebe gezeugt hat und nicht ihren Kreuzweg, der in der Gottesverlassenheit ihren Höhepunkt erreicht, verraten hat. Edith Stein schlägt zwei Wege vor, um das Zutreffen dieser Behauptung in der Person des Johannes vom Kreuz zu beweisen. Sein Leben und seine Werke. Wenn man beide genau untersucht, entdeckt man, daß Edith Stein damit den Kreis der mystischen Erfahrung ihres Ordensvaters schließen will. Was er gelebt hat, hat er versucht, niederzuschreiben und was er geschrieben hat, ist das und nur das, was er aus eigener Kraft und durch die Gnade Gottes in der mystischen Erfahrung erlebt hat.. Beide Elemente, Leben und Werk ergänzen sich unmittelbar, und beide sind uns in ausführlichen Zeugnissen erhalten, so daß es immer noch möglich ist, vom großen Lehrer des geistlichen Lebens viel zu lernen.

Der tiefste und gleichzeitig schönste Eindruck seiner Interiorität ist uns wohl durch seine Gedichte übermittelt worden. Sie sind eine Äußerung des entflammten Herzens und der reinsten Beschauung. Alle Gesänge enden in einer vollkommenen Befriedigung der Seele, die, verwundet in der "Dunklen Nacht", die süße Wärme der "Lebendigen Liebesflamme" in der Vereinigung mit Gott zu spüren bekommt. Sein Stil ist "der Naturlaut eines Herzens, das sich in diesen reinen Klängen völlig zwanglos und ohne jede willkürliche Bemühung öffnet, wie die Nachtigall singt, wie eine Blüte sich erschließt"(229).

Seine Gedichte sind alle vollendete literarische Kunstwerke, was aber die Literatur nicht ahnen kann, ist, daß diese Gedichte gar nichts 'künstliches' beinhalten. Dies zu zei-

----

229 Edith Stein: "Kreuzeswissenschaft" E.S.W. Bd. I. S.259.

gen, ist die Aufgabe der Kreuzeswissenschaft. Die Wissenschaft eines Herzens, das absolut vergessen hat, für sich selbst zu schlagen, um das Blut der Liebe in den Kreis der Welt aus dem Herzen des Erlösers einzuflößen.

Die Erklärungen der Gedichte und die Gedichte selbst sind ein Liebesschrei der Seele und überziehen jede menschliche Wissenschaft, weil in der Wissenschaft des Kreuzes, der Wissenschaft des Leidens und der Liebe, das leidende menschgewordene Wort und der Geist der Liebe in der Einheit der Dreifaltigkeit, Objekt und Subjekt zugleich sind. Das Werk der Erlösung hat Christus am Kreuz vollzogen und die Seele, die von der Fülle des Kreuzes die Gnade der Versöhnung und der Erlösung bekommen hat, fühlt sich gerufen, ihrem Geliebten zu singen, sowohl in der Herrlichkeit des himmlischen Glückes, als auch in der Dunkelheit der Nacht.

Die Geliebte des Hohenliedes, deren Augen hinter dem Schleier zwei Tauben gleichen, und deren Hals wie der Davidsturm ist, mit Steinvorsprüngen versehen; die, die zwei Brüste wie zwei Kitzen hat, wie Zwillinge einer Gazelle, die in den Lilien weiden...(230), diese Geliebte, diese Braut unermeßlicher Schönheit wurde von Gott zur ewigen Freude gerufen und Johannes bemüht sich ständig, den Ruf, den Weg und die Vollendung zu beschreiben. Daß es ihm gelungen ist, braucht man nicht mehr zu beweisen. Es genügt, wenn man in der Lage ist, zärtlich und langsam zu sagen:

> O Flamme lebendiger Liebe
> Die zart Du mich verwundest
> in meiner Seele allertiefstem Grunde!
> Da Du nicht mehr voll Schmerzen,
> Vollende, wenn's Dein Wille,
> Zerreiß den Schleier dieses süßen Treffens

---

230   Vgl. die Beschreibung der Braut im Hohenlied 4,1 ff.

Wie sanft und voller Liebe
in meinem Schoß erwachst Du,
wo Du verborgen weilest ganz allein
mit Deinem süßen Hauche,
voll Glück und Herrlichkeiten,
Wie zart läßt Du in Liebe mich entbrennen. (231)

Nicht nur die Werke, auch das Leben des Vaters Johannes
sind eine 'Poesie'. Sein Leben gleicht auch einer dunklen
Nacht und einer lebendigen Liebesflamme. Edith Stein hat
zahlreiche Abschnitte seines Lebens in ihrer "Kreuzeswissenschaft" eingearbeitet, die nicht wiederholt zu werden brau-
chen. Was aber sicherlich bewundernswert ist, ist die Beschreibung seines Todes. Es ist die beste Zusammenfassung
seines Lebens und Werkes, dargestellt als das Zerreißen
des Schleiers zur ewigen Liebesvereinigung.

Den Ort der 'Heilung' seiner letzten Krankheit wählt er
nach dem Kriterium des himmlischen Vorteils, dort, wo er
in Armut und nicht gerade in der süßen menschlichen
Wonne sterben sollte. Die Wunden öffnen sich in seinem
Körper und verursachen fast unerträgliche Schmerzen, die
er nach dem Vorbild des Gekreuzigten schweigsam und geduldig durchsteht. Die dunkle Nacht ist wieder da, er
merkt es aber nicht angesichts der ungetrübten Hoffnung
auf die baldige Begegnung mit dem Auferstandenen. Mitbrüderliche Liebe und auch "mitbrüderliche" Verachtung
wird ihm das Sterbebett zuweisen. Bei ihm sind einerseits
Brüder, die ihn hochschätzen und lieben, und andererseits
solche, die häufig über die Kosten seiner Verpflegung klagen. Dies ist ja oft (und leider) der Preis der Heiligkeit,
den Johannes vom Kreuz jedoch gerne bezahlen wollte. Der
Heilige kommt sogar dazu, dem Arzt, der ihn betreut, ein
selbst geschriebenes Exemplar der "Lebendigen Liebesflamme" zu übergeben.

Nichts war ihm jetzt wichtiger, als zart in Liebe zum Geliebten zu entbrennen.

Am 13. Dezember 1591 nähert sich die Stunde der Auferstehung. An diesem Tag, voll Schmerzen, aber in der Stille
des Sterbens, hatte er noch einen Wunsch. Er wollte noch
etwas aus dem Hohenlied hören und der Prior des Hauses

----

231 Johannes vom Kreuz: "Lebendige Liebesflamme" Str. I.
     und IV.

(einer seiner früheren Feinde) las vor:

> Wer ist sie, die aus der Wüste heraufzieht
> geschmiegt an ihrem Geliebten?
> Unter dem Apfelbaum weckte ich dich
> dort, wo deine Mutter dich empfing,
> wo deine Gebärerin in Wehen lag.
> Leg mich wie ein Siegel auf dein Herz,
> wie ein Siegel an deinen Arm!
> Ja, stark wie der Tod ist die Liebe
> Hart wie die Unterwelt ist die Leidenschaft.
> Ihre Gluten sind Feuergluten,
> gewaltige Flammen.
> Selbst gewaltige Wasser
> können die Liebe nicht löschen
> auch mächtige Ströme
> schwemmen sie nicht fort.   (Cant. Cant. 8,5-7)

"Welch kostbare Steine", ruft der Sterbende. "Es war ja das Lied der Liebe, das ihn durchs Leben begleitet hatte" (232). "Kurz vor Mitternacht reichte er seinen heiligen Christus einem der Umstehenden ... Er wollte beide Hände frei haben, um seinen Körper für den Aufbruch in die rechte Verfassung zu bringen. Aber bald nahm er ihn wieder zurück und nun verabschiedete er sich mit zärtlichen Worten von dem Gekreuzigten, wie vorher von dem Eucharistischen Heiland. Zwölf Schläge tönen vom Glockenturm... Johannes hört den Klang der Glocke und spricht mit dem Kreuz in der Hand: "**In manus tuas, Domine, commendo spiritum meum**". Ein Abschiedsblick auf die Anwesenden, ein letzter Kuß dem Gekreuzigten, dann steht er vor dem Throne Gottes, um mit den himmlischen Chören die Mette zu beten"(233).

----

232 Edith Stein: "Kreuzeswissenschaft" E.S.W. Bd. I. S.278.

233 Edith Stein: "Kreuzeswissenschaft" E.S.W. Bd. I. S.279.

SCHLUSSFOLGERUNG

Es wäre ein großer Fehler zu meinen, daß mit dem Abschluß ihres letzten schriftlichen Werkes, der Weg Edith
Steins zur Mystik zu Ende gegangen ist. Dieses Werk ist
uns unvollendet erhalten geblieben, ihr Leben erreichte jedoch seine Vollendung in der Liebesvereinigung des Mar-
tyriums. Dieses Leben war die Verwirklichung einer Idee
und ihre Gedanken (auch die Gedanken des Herzens) waren
die Grundlage ihres Lebens. Nur aus diesem Zusammenhang
von Leben und Werk kann man die Ganzheit ihrer Größe
verstehen und die Tiefe ihrer Innerlichkeit durchschauen.

Wenn das Leben und Werk eines Verfassers untersucht
wird, entsteht daraus eine "Biographie". Hier handelt es
sich aber um eine "außergewöhnliche" Biographie, die nicht
nur für historische Daten und wissenschaftliche Analysen
einen Platz hat, sondern auch für das meist verborgene,
aber immer wirkende Werk der Gnade Gottes. Hier handelt
es sich um eine Biographie der Gnade. "Eine solche Biographie", schreibt Prof. M. Grabmann, "die ein Wunder
des Zusammenwirkens von göttlicher Gnade und einer überaus
edlen Seele enthüllen wird, wäre ein großer Gewinn für die
Philosophie und die katholische Mystik. Eine so tiefe
Philosophin, die von Husserl zum heiligen Thomas vorge-
drungen ist, und zugleich als Unbeschuhte Karmelitin in
der Gedankenwelt der hl. Teresia und des hl. Johannes
vom Kreuz lebt; diese Verbindung gehört doch zu dem Er-
habensten, was sich noch auf den Höhen des religiösen
Lebens denken läßt"(234).

Die zeitliche Biographie Edith Steins fing in dem liebe-
vollen Schoß einer jüdischen Familie an und endete gewalt-
sam im Reich des Hasses auf ihre Rasse. Diese Biographie
war aber nicht ihre echte Biographie, oder besser gesagt,
nicht ihre 'ganze' Biographie. Zusammen mit der Liebe
ihrer Familie bekam sie eine unbemerkte, aber doch größe-

----

234 Teresia Renata de Spiritu Sancto (Posselt): "Edith
     Stein. Lebensbild einer Philosophin und Karmelitin.
     Nürnberg. 1948. S.6.

re Liebe einer zärtlichen Hand, die sie zur Sehnsucht der Wahrheit führte. Am Ende der Suche nach dieser ersten, philosophischen Wahrheit, wartete auf sie schon eine noch größere Wahrheit (eine lebende und liebende Wahrheit), die sie mit offenen Armen für alle Ewigkeit umarmen wollte. Noch später ist aus dieser Wahrheit Liebe geworden, und diese Liebe bereitete für sie ganz still und heimlich eine dunkle Nacht der Sinne und des Geistes vor. Schließlich bekam sie auch den Preis der Liebesvereinigung auf dem Kreuz der fleischgewordenen Gnade. Genau dieser Vorgang ist es, was ich eine "außergewöhnliche" Biographie nenne, eine Biographie der Gnade.

Über die zeitliche Biographie kann man vieles schreiben, bei der Biographie der Gnade kommt es jedoch darauf an, ihr nachzufolgen in der Suche nach der Wahrheit, in der dunklen Nacht der Seele, in der Kreuzigung bei dem Gekreuzigten. Edith Stein ist gestorben, ihre zeitliche Biographie wurde in Auschwitz beendet, aber die Wirkung der Gnade, die ihr Leben durchdrungen hat, ist heute noch lebendig; in jedem Philosophen, der in der Wahrheit der Dinge Gott sucht, 'ob es ihm klar ist oder nicht'; in jedem Karmeliten und in jeder Karmelitin, die den Weg des Berges Karmel nachgehen will, um zur Entflammung der Liebe zu gelangen; in jedem Mystiker oder Christ, der mit demütigem Herzen die Wissenschaft des Kreuzes erlernen will.

Manchmal habe ich den Eindruck, unsere Welt ist eine Wüste geworden, eine Wüste des Ruhmes, des Geldes, des Materialismus, der Macht. Wenn es so stimmt, ist Edith Stein eine Stimme, die in der Wüste ruft: "Bereitet den Weg des Herrn! Macht seine Straßen eben!" Sie ist eine Stimme der vertrauensvollen Armut, des freien Gehorsams, der wundervollen Liebe; eine Stimme des jüdischen Volkes, die in der Person Christi den Gott Abrahams, Isaaks und Jakobs erkannt hat. Sie ist die Stimme des leidenden Herzens, die sehnsüchtig nach Gott schreit, und die Stimme der glücklichen Seele, die sich in der Anwesenheit der Dreieinigkeit in der Tiefe der Innerlichkeit freut. Eine Stimme, die heute noch (wenn es in der Ewigkeit ein Heute gäbe) vor dem Angesicht Gottes für das jüdische Volk, für den Frieden in der Welt, für die Vollendung ihres heiligen Ordens, für alle diejenigen, die Gott ihr gegeben hat, daß keines von ihnen verloren gehe, spricht. (Vgl. ihr Testament).

Jede mystische Erfahrung wurde in der menschlichen Sprachlosigkeit vollzogen, darum sollte auch uns die äußere Betrachtung dieser Erfahrungen zu einer Art beschaulicher
Sprachlosigkeit führen, die uns diese Gott-Mensch-Begeg-
nung auf der Ebene des Geistlichen eröffnet. Johannes vom
Kreuz hat versucht, dies dichterisch auszudrücken, Teresia
hat die Welt mit hunderten und tausenden schlagenden
Herzen besät, Edith Stein hat ihr Leben für die liebende,
gekreuzigte Wahrheit hingegeben, uns bleibt vielleicht nur
übrig, kleine Brosamen davon zu bekommen. Das ist aber
gar nicht schlimm, der Zwerg auf der Schulter des Riesen
kann soweit wie der Riese sehen. Gott sei Dank, daß es
solche Riesen gibt.

Jede mystische Erfahrung ist zuletzt eine Erfahrung der
Liebe, eine Erfahrung, die die Person ganz umschließt
und sie zur Vollkommenheit führt. In der Gewißheit, daß
Edith Stein von dieser Liebe erfüllt wurde, und in der
Hoffnung, wenigstens von einem winzigen Teil dieser Liebe
erfüllt zu werden, wird diese Arbeit am Karfreitag, dem
5. April 1985 beschlossen. Damit ist eine schriftliche Arbeit
beendet, aber auf keinen Fall die Wirkung der Gnade,
die am Ostersonntag zur Auferstehung ruft, und die ewige,
himmlische Osterfeier vorbereitet.

Sei auch unser Leben eine Biographie des Kreuzes!

Sei auch unser Leben eine Biographie der Auferstehung!

Sei auch unser Leben eine Biographie der Gnade!

Am Fuß des Kreuzes.

Am Karfreitag des Jahres 1985

DIE HOCHZEIT DES LAMMES

AVE CRUX - SPES UNICA

TESTAMENT

(Unveröffentlichte Werke)

HOCHZEIT DES LAMMES *

"Venerunt nuptiae Agni et uxor eius praeparavit se" (Apoc. 19, 7). "Gekommen ist die Hochzeit des Lammes, und seine Braut hat sich bereitet". So klang es uns wohl im Herzen am Vorabend der hl. Profeß, und so soll es wieder klingen, wenn wir feierlich unsere hl. Gelübde erneuern. Geheimnisvolle Worte, die den geheimnistiefen Sinn unseres heiligen Berufes in sich bergen. Wer ist das Lamm? Wer ist die Braut? Und von was für einer Hochzeit ist hier die Rede?

"Ich sah: und siehe, inmitten des Thrones und der vier lebenden Wesen und inmitten der Ältesten stand ein Lamm wie getötet..." (Ap. 5,6). Als der Seher von Patmos dieses Gesicht schaute, da lebte in ihm noch die Erinnerung an den unvergeßlichen Tag am Jordan, als Johannes der Täufer ihm das "Lamm Gottes" zeigte, "das hinwegnimmt die Sünden der Welt" (Joh. 1, 29). Er hatte damals das Wort verstanden und verstand jetzt das Bild: Der damals am Jordan wandelte und der sich ihm jetzt gezeigt hatte im weißen Gewand, mit flammenden Augen und mit dem Schwert des Richters: der "Erste und der Letzte" (Joh. 1, 13 ff.). Er hatte in Wahrheit vollbracht, was die Riten des Alten Bundes im Bilde andeuteten. Wenn an dem größten und heiligsten Tag des Jahres der Hohepriester ins Allerheiligste eintrat, an den furchtbar heiligen Ort der Gegenwart Gottes, dann hatte er vorher vom Volke zwei Böcke genommen: den einen, um die Sünden des Volkes darauf zu

---

* Ansprache zur Gelübde-Erneuerung. 14.9.1940. Vgl. Edith-Stein-Archiv Karmel "Maria von Frieden". Köln. B.I.19b.

laden, damit er sie hinaustrage in die Wüste; den anderen, um mit seinem Blut das Zelt und die Bundeslade zu besprengen (III. Buch Moses, Kap. 16). Das war das Sündopfer für das Volk. Für sich selbst und sein Haus mußte er außerdem einen jungen Stier als Sündopfer und einen Widder als Brandopfer darbringen. Auch mit dem Blut des Stieres mußte er den Gnadenthron besprengen und wenn er, von keines Menschen Auge gesehen, für sich und sein Haus und für das ganze Volk Israel gebetet hatte, dann trat er heraus zu dem harrenden Volke, besprengte auch den Altar draußen, um ihn von seinen und des Volkes Sünden zu entsühnen. Dann sandte er den lebendigen Bock in die Wüste, brachte sein und des Volkes Brandopfer dar und ließ die Reste des Sündopfers vor dem Lager (und später vor den Toren) verbrennen.

Ein großer und heiliger Tag war der Versöhnungstag. Das Volk verharrte unter Beten und Fasten im Heiligtum. Und wenn am Abend alles vollbracht war, dann war Friede und Freude in den Herzen, weil Gott die Sündenlast hinweggenommen und Gnade geschenkt hatte. Aber was hatte denn die Versöhnung bewirkt? Nicht das Blut der geschlachteten Tiere und nicht der Hohepriester aus Aarons Geschlecht – das hat der hl. Paulus so eindringlich im Hebräerbrief klar gemacht – sondern das wahre Versöhnungsopfer, das in all diesen gesetzlich vorgeschriebenen Opfern vorgebildet war, und der Hohepriester nach der Ordnung des Melchisedech, an dessen Stelle die Priester aus Aarons Geschlecht standen. Es war auch das wahre Osterlamm, um dessentwillen der Würgengel an den Häusern der Hebräer vorbeiging, als er die Ägypter schlug. Das hatte der Herr selbst den Jüngern zu verstehen gegeben, als er zum letztenmal mit ihnen das Osterlamm aß und dann sich selbst ihnen zur Speise gab. Aber warum hatte er denn das Lamm als bevorzugtes Sinnbild gewählt? Warum zeigte er sich noch in dieser Gestalt auf dem ewigen Thron der Herrlichkeit? Weil Er unschuldig war wie ein Lamm und demütig wie ein Lamm; und weil Er gekommen war, um sich wie ein Lamm zur Schlachtbank führen zu lassen. (Is. 53,7) Auch das hatte Johannes mitangesehen, als der Herr sich im Ölgarten binden ließ und auf Golgatha ans Kreuz nageln. Dort auf Golgatha war das wahre Versöhnungsopfer vollbracht worden. Damit hatten die alten Opfer ihre Kraft verloren; und bald hörten sie ganz auf, wie auch das alte Priestertum, als der Tempel vernichtet wurde. Das alles hatte Johannes miterlebt. Darum wunderte er sich nicht über das Lamm auf dem Thron. Und weil er Ihm ein treuer Zeuge war, wurde ihm auch die Braut des Lammes gezeigt.

Er sah "die heilige Stadt, das neue Jerusalem, herabsteigen aus dem Himmel von Gott, bereitet wie eine Braut, die für ihren Gemahl geschmückt ist" (Apokal. 21, 2 und 9 ff.). Wie Christus selbst vom Himmel auf die Erde herabgestiegen ist, so hat auch seine Braut, die Heilige Kirche, im Himmel ihren Ursprung: Aus Gottes Gnade ist sie geboren, ja mit dem Gottessohn selbst ist sie herabgestiegen, unlöslich ist sie mit Ihm verbunden. Aus lebendigen Steinen ist sie gebaut; ihr Grundstein wurde gelegt als das Wort Gottes im Schoß der Jungfrau die menschliche Natur annahm. Damals schlang sich zwischen der Seele des göttlichen Kindes und der Seele der jungfräulichen Mutter jenes Band innigster Einigung, das wir Brautschaft nennen. Vor aller Welt verborgen war das himmlische Jerusalem auf die Erde herabgekommen. Aus dieser ersten bräutlichen Verbindung mußten alle lebendigen Bausteine geboren werden, die sich zu dem gewaltigen Bau fügen sollten: jede einzelne durch die Gnade zum Leben erweckte Seele. Die bräutliche Mutter sollte Mutter aller Erlösten werden, wie die Keimzelle, aus der immer neue Zellen hervorsprossen, sollte sie die lebendige Gottesstadt aufbauen. Dies verborgene Geheimnis wurde dem heiligen Johannes offenbart, als er mit der jungfräulichen Mutter unter dem Kreuz stand und ihr als Sohn übergeben wurde. Da trat die Kirche sichtbar ins Dasein; ihre Stunde war gekommen, aber noch nicht die Vollendung. Sie lebt, sie ist dem Lamm vermählt, aber die Stunde des festlichen Hochzeitsmahl wird erst kommen, wenn der Drache endgültig besiegt ist und die letzten Erlösten ihren Kampf zu Ende geführt haben. Wie das Lamm getötet werden mußte, um auf dem Thron der Herrlichkeit erhöht zu werden, so führt der Weg zur Herrlichkeit für alle, die zum Hochzeitsmahl des Lammes auserwählt sind, durch Leiden und Kreuz. Wer sich dem Lamm vermählt, der muß sich mit ihm ans Kreuz heften lassen. Dazu sind alle berufen, die mit dem Blute des Lammes bezeichnet sind, und das sind alle Getauften. Aber nicht alle verstehen den Ruf und folgen ihm. Es gibt einen Ruf zu engerer Nachfolge, der eindringlicher in die Seele hineintönt und eine klare Antwort fordert. Das ist der Ruf zum Ordensleben, und die Antwort sind die hl. Gelübde.

Wen der Heiland herausruft aus allen natürlichen Bindungen - aus Familie, Volk und Wirkungskreis - um Ihm
allein anzuhangen, bei dem tritt auch die bräutliche Ver-
bundenheit mit dem Herrn stärker hervor als bei der allgemeinen Schar der Erlösten. In alle Ewigkeit sollen sie
vorzugsweise dem Lamm angehören, Ihm folgen, wohin es
geht, und das Lied der Jungfrauen singen, das niemand
anders singen kann. (Apokal. 14,1 ff.)

Es ist wie ein Werben des Herrn um eine Seele, wenn in
ihr der Zug zum Ordensleben erwacht. Und wenn sie sich
ihm weiht durch die hl. Gelübde und das "Veni, sponsa
Christi" vernimmt, ist es wie eine Vorwegnahme der himmlischen Hochzeitsfeier. Aber es ist doch erst eine Anwart-
schaft auf das ewige Freudenmahl. Das bräutliche Glück
der gottgeweihten Seele und ihre Treue müssen sich bewäh-
ren in offenen und verborgenen Kämpfen und im Alltag des
Ordenslebens. Der Gemahl, den sie erwählt, ist das Lamm,
das getötet wurde. Will sie mit Ihm eingehen in die himmlische Herrlichkeit, so muß sie sich an sein Kreuz heften
lassen. Die drei Gelübde sind die Nägel. Je bereitwilliger
sie sich auf dem Kreuz ausstreckt und die Hammerschläge
erduldet, desto tiefer wird sie die Wirklichkeit des Ver-
bundenseins mit dem Gekreuzigten erfahren. So wird ihr
das Gekreuzigtwerden selbst zur Hochzeitsfeier.

Das Gelübde der Armut öffnet die Hände, damit sie alles
fahren lassen, was sie festhielten. Es heftet sie fest, damit sie sich nicht mehr ausstrecken können nach Dingen
dieser Welt. Es soll auch die Hände des Geistes und der
Seele fesseln: die Begierden, die immer wieder nach Ge-
nüssen und Gütern greifen; die Sorgen, die das irdische
Leben nach allen Richtungen sicher stellen möchten; die
Geschäftigkeit, die sich um viele Dinge kümmert und dadurch das Eine Notwendige in Gefahr bringt. Ein Leben in
Überfluß und bürgerlicher Behaglichkeit widerspricht dem
Geist der hl. Armut und trennt von dem armen Gekreuzigten. Unsere Schwestern in den ersten Zeiten der Reform
haben sich glücklich gepriesen, wenn ihnen das Nötige
mangelte; wenn die Schwierigkeiten überwunden waren und
ihnen alles genügend zur Verfügung stand, dann fürchteten
sie, der Herr habe sich von ihnen zurückgezogen. Es
stimmt in einer Klostergemeinde etwas nicht, wenn die Sorge für das äußere Leben so viel Zeit und Kraft in An-
spruch nimmt, daß das geistliche Leben darunter leidet.
Und es ist in der Seele der einzelnen Ordensfrau etwas
nicht in Ordnung, wenn sie anfängt für sich selbst zu

sorgen und sich das zu verschaffen, was ihren Wünschen und Neigungen entspricht, statt sich der göttlichen Vorsehung zu überlassen und dankbar anzunehmen, was sie uns durch die Hände der verantwortlichen Amtsschwestern gibt. Natürlich ist dadurch nicht ausgeschlossen, daß man beide Vorgesetzten auf das aufmerksam macht, was die pflichtmäßige Rücksicht auf die Gesundheit erfordert. Aber wenn man das getan hat, ist man der weiteren Sorge enthoben. Das Gelübde der hl. Armut will uns die Sorglosigkeit der Sperrlinge und Lilien geben, damit Geist und Herz frei seien für Gott.

Der hl. Gehorsam fesselt unsere Füße, damit sie nicht mehr ihre eigenen Wege gehen, sondern Gottes Wege. Die Kinder der Welt nennen es Freiheit, wenn sie keinem fremden Willen unterworfen sind; wenn niemand sie hindert, ihre Wünsche und Neigungen zu befriedigen. Für diesen Freiheitsraum stürzen sie sich in blutige Kämpfe und opfern Gut und Leben. Die Kinder Gottes verstehen unter Freiheit etwas anderes: sie möchten ungehindert dem Geist Gottes folgen; und sie wissen, daß die größten Hindernisse nicht von außen kommen, sondern in uns selbst liegen. Vernunft und Wille des Menschen, die so gern ihr eigener Herr sein wollen, merken nicht, wie leicht sie sich von den natürlichen Begierden beschwatzen lassen und ihre Sklaven werden. Es gibt keinen besseren Weg, um von dieser Knechtschaft frei zu werden und empfänglich für die Leitung des Heiligen Geistes, als den Weg des hl. Gehorsams. "Gehorsam fühlt sich meine Seele stets am Schönsten frei" – So läßt Goethe die Heldin einer seiner Dichtungen sagen, die am meisten von christlichem Geist geformt ist. Der echte Gehorsam begnügt sich nicht, nur äußerlich die Vorschriften der hl. Regel und Satzungen und die Anordnungen der Oberen nicht zu übertreten. Es ist ihm wirklich darum zu tun, den eigenen Willen zu verleugnen. Darum studiert der Gehorsame Regel und Satzungen nicht, um herauszuklügeln, wieviel sogenannte "Freiheiten" sie ihm noch erlauben, sondern um immer besser zu erkennen, wieviel kleine Opfer und damit Gelegenheiten zum Fortschreiten in der Selbstverleugnung sie täglich und stündlich an die Hand geben. Er nimmt sie auf sich als ein sanftes Joch und eine leichte Last, denn er fühlt sich dadurch immer tiefer und enger verbunden mit dem Herrn, der gehorsam war bis zum Tode am Kreuz. Den Kindern der Welt mag sein Tun unnütz, unvernünftig und kleinlich erscheinen. Der Heiland, der 30 Jahre lang sein Tagewerk aus solchen kleinen Opfern aufbaute, wird anders urteilen.

Das Gelübde der Keuschheit will den Menschen herauslösen aus allen Bindungen des natürlichen Gemeinschaftslebens, ihn hoch über diesem ganzen Getriebe ans Kreuz heften und sein Herz frei machen für die Vereinigung mit dem Gekreuzigten. Auch dieses Opfer wird nicht mit einemmal vollbracht. Wohl ist man äußerlich getrennt von den Gelegenheiten, die draußen zur Versuchung werden, aber in Erinnerung und Phantasie haftet noch vieles, was Geist und Herz ablenken und ihnen die Freiheit rauben kann. Es besteht aber auch die Gefahr, daß innerhalb der schützenden Klostermauern neue Bindungen sich herstellen und die volle Vereinigung mit dem göttlichen Herzen hindern. Mit dem Eintritt in den Orden werden wir wieder Mitglieder einer Familie. Wir sollen in unseren Obern und in unseren Mitschwestern Haupt und Glieder des mystischen Leibes Christi sehen und ehren. Aber wir sind Menschen, und es kann sich leicht in die heilige kindliche und schwesterliche Liebe etwas allzu Menschliches mischen. Wir glauben in dem Menschen, zu dem wir ausschauen, Christus zu sehen und merken nicht, daß wir menschlich an dem Menschen hängen und in Gefahr sind, Christus aus dem Auge zu verlieren. Aber nicht nur menschliche Zuneigung trübt die Reinheit des Herzens. Noch mehr als ein Zuviel ist ein Zuwenig an Liebe dem göttlichen Herzen entgegen. Jede Abneigung, jeder Zorn und Groll, den wir in unserem Herzen dulden, schließt dem Heiland die Tür. Die unwillkürlichen Regungen stellen sich natürlicherweise ohne unsere Schuld ein; aber sobald wir sie gewahren, müssen wir unerbittlich gegen sie Stellung nehmen, sonst stehen wir gegen Gott, der die Liebe ist, und arbeiten dem Widersacher in die Hände. Das Lied, das die Jungfrauen im Gefolge des Lammes singen, ist sicher ein Lied reinster Liebe.

Das Kreuz ist wieder vor uns erhöht. Es ist das Zeichen, dem widersprochen wird. Der Gekreuzigte schaut auf uns herab: "Wollt auch ihr mich verlassen?" Der Tag der Gelübdeerneuerung soll immer ein Tag ernster Selbstprüfung sein. Haben wir dem entsprochen, was wir einst im Erstlingeifer gelobten? Haben wir gelebt, wie es den Bräuten des Gekreuzigten geziemt, des Lammes, das getötet wurde? Es war so oft in den letzten Monaten die Klage zu hören, daß die vielen Gebete um den Frieden noch keine Wirkung gehabt hätten. Welches Anrecht haben wir auf Erhörung? Unser Verlangen nach Frieden ist sicher echt und aufrichtig. Aber kommt es aus einem ganz gereinigten Herzen?

Haben wir wahrhaft "im Namen Jesu" gebetet – d.h. nicht nur mit dem Namen Jesu auf den Lippen sondern im Geist und in der Gesinnung Jesu, einzig um der Ehre des Vaters willen, ohne jede Eigensucht? An dem Tage, an dem Gott schrankenlose Macht über unser Herz haben wird, werden wir auch schrankenlose Macht über das Seine haben. Wenn wir das bedenken, werden wir nicht mehr den Mut haben, irgend einem andern Menschen das Urteil zu sprechen. Wir werden aber auch nicht verzagen, wenn wir nach einem langen Ordensleben uns sagen müssen, daß wir immer noch Stümper und Anfänger sind. Der Quell aus dem Herzen des Lammes ist nicht versiegt. Wir können heute noch unser Gewand darin rein waschen wie einst der Schächer auf Golgatha. Im Vertrauen auf die sühnende Kraft dieses heiligen Quells fallen wir nieder vor dem Thron des Lammes und antworten auf seine Frage: "Herr, zu wem sollen wir gehen? Du hast Worte des ewigen Lebens". (Joh. 6.69) Laßt uns schöpfen aus den Quellen des Heiles für uns und für die ganze verschmachtende Welt. Schenke uns die Gnade, daß wir aus einem reinen Herzen das Wort der Braut sprechen können:

Komm!!!

Komm, Herr Jesu,

Komm bald!!!

Sr. Teresa B. a Cruce OCD

KREUZERHÖHUNG *
Ave Crux – Spes unica!!!

"Kreuz, einzige Hoffnung, sei gegrüßt" – so hieß uns die
heilige Kirche rufen in der Zeit, die der Betrachtung des
bittern Leidens unseres Herrn Jesu Christi gewidmet ist.
Der Jubelruf des österlichen Alleluja ließ den ernsten
Kreuzgesang verstummen. Aber das Zeichen unseres Heils
grüßte uns mitten in der Zeit der Osterfreude, da wir der
Auffindung des Entschwundenen gedachten. Es grüßte uns
am Ende der kirchlichen Hochfeste vom Herzen des Erlösers
her. Und nun, da das Kirchenjahr sich neigt, wird es
hoch vor uns aufgerichtet und soll unsere Blicke gefesselt
halten, bis aufs neue das österliche Alleluja uns auffor-
dert, die Erde für eine Weile zu vergessen und uns an der
Hochzeit des Lammes zu freuen.

Unser heiliger Orden läßt uns mit der Aufrichtung des
Heiligen Kreuzes die Fastenzeit beginnen. Und er führt uns
an den Fuß des Kreuzes, um unsere Gelübde zu erneuern.
Der Gekreuzigte schaut auf uns herab und fragt uns, ob
wir noch gewillt sind, Ihm zu halten, was wir Ihm in
einer Gnadenstunde gelobt haben. Er hat wohl Grund, so
zu fragen. Mehr als je ist heute das Kreuz das Zeichen,
dem widersprochen wird. Die Anhänger des Antichrist tun
ihm weit ärgere Schmach an als einst die Perser, die es
geraubt hatten. Sie schänden die Kreuzbilder und sie machen alle Anstrengungen, das Kreuz aus dem Herzen der
Christen zu reißen. Nur allzu oft ist es ihnen gelungen,
auch bei denen, die wie wir, einst gelobt hatten, Christus
das Kreuz nachzutragen. Darum blickt uns der Heiland
heute ernst und prüfend an und fragt jede einzelne von
uns: Willst du dem Gekreuzigten die Treue halten? Überlege es wohl! Die Welt steht in Flammen, der Kampf zwischen Christus und dem Antichrist ist offen ausgebrochen.
Wenn du dich für Christus entscheidest, so kann es dein
Leben kosten. Überlege auch wohl was du versprichst.
Gelübdeablegung und Gelübdeerneuerung ist eine furchtbar
ernste Sache. Du machst dem Herrn des Himmels und der
Erde ein Versprechen. Wenn es dir nicht heilig ernst ist

---

*   Edith Stein: Ansprache zur Gelübde-Erneuerung. 14.9.
    1939. Echt, Holland. Vgl. Edith-Stein-Archiv. Karmel
    "Maria vom Frieden" Köln. B. I. 18.

mit dem Willen, es zu erfüllen, so fällst du in die Hände des lebendigen Gottes.

Vor dir hängt der Heiland am Kreuz, weil Er **gehorsam** geworden ist bis zum Tode am Kreuz. Er kam in die Welt, nicht um **seinen** Willen zu tun sondern des Vaters Willen. Wenn du die Braut des Gekreuzigten sein willst, so mußt auch du dem eigenen Willen restlos entsagen und kein anderes Verlangen mehr haben, als den Willen Gottes zu erfüllen. Er spricht zu dir aus der hl. Regel und den Satzungen deines Ordens. Er spricht zu dir durch den zarten Hauch des Heiligen Geistes im Innersten deines Herzens. Willst du deinem Gehorsamsgelübde treu sein, so mußt du auf diese Stimme lauschen Tag und Nacht und ihrem Gebet folgen. Das heißt aber den Eigenwillen und die Eigenliebe kreuzigen täglich und stündlich.

Dein Heiland hängt vor dir am Kreuz nackt und bloß, weil Er die **Armut** erwählt hat. Wer ihm nachfolgen will, der muß auf alle irdischen Güter verzichten. Es genügt nicht, daß du einmal alles draußen verlassen hast und ins Kloster gekommen bist. Du mußt auch jetzt ernst damit machen. Dankbar annehmen, was Gottes Vorsehung dir schickt; freudig entbehren, was Er dich etwa entbehren läßt; nicht Sorge tragen für den eigenen Leib, für seine kleinen Bedürfnisse und Neigungen, sondern die Sorge denen überlassen, die damit betraut sind; nicht Sorge tragen für den kommenden Tag und für die kommende Mahlzeit.

Dein Heiland hängt vor dir mit geöffnetem Herzen. Er hat sein Herzblut vergossen, um dein Herz zu gewinnen. Willst du Ihm folgen in heiliger Reinheit, so muß dein Herz frei sein von jedem irdischen Verlangen; Jesus der Gekreuzigte der einzige Gegenstand deiner Begierden, deiner Wünsche, deiner Gedanken.

Erschrickst du jetzt vor der Größe dessen, was die heiligen Gelübde von dir verlangen? Du brauchst nicht zu erschrekken. Wohl geht das, was du gelobst, über deine eigene schwache, menschliche Kraft. Aber es geht nicht über die Kraft des Allmächtigen – und sie wird dein, wenn du dich Ihm anvertraust, wenn Er deinen Treueschwur entgegennimmt. Er tat es am Tage deiner Hl. Profeß und will es heute aufs neue tun. Er ist es, das liebende Herz deines Erlösers, das dich zur Nachfolge einladet. Es verlangt deinen Gehorsam, weil der menschliche Wille blind und schwach ist. Er kann den Weg nicht finden, solange er sich nicht ganz an den göttlichen Willen hingibt. Er verlangt die Armut, weil die Hände leer sein müssen von den Gütern der Erde, um die Güter des Himmels zu empfangen. Er verlangt die Keuschheit, weil nur die Loslösung des Herzens von aller irdischen Liebe das Herz frei macht für die Gottesliebe. Die Arme des Gekreuzigten sind ausgespannt, um dich an sein Herz zu ziehen. Er will dein Leben, um dir das Seine zu schenken. Ave Crux, spes unica! – Die Welt steht in Flammen. Der Brand kann auch unser Haus ergreifen. Aber hoch über allen Flammen ragt das Kreuz. Sie können es nicht verzehren. Es ist der Weg von der Erde zum Himmel. Wer es glaubend, liebend, hoffend umfaßt, den trägt es empor in den Schoß des Dreieinen.

Die Welt steht in Flammen. Drängt es dich, sie zu löschen? Schau auf zum Kreuz. Aus dem offenen Herzen quillt das Blut des Erlösers. Das löscht die Flammen der Hölle. Mache dein Herz frei durch die treue Erfüllung deiner Gelübde, dann ergießt sich die Flut der göttlichen Liebe in dein Herz bis es überströmt und fruchtbar wird bis an alle Grenzen der Erde. Hörst du das Stöhnen der Verwundeten auf den Schlachtfeldern im Westen und im Osten? Du bist kein Arzt und keine Schwester und kannst nicht zu ihnen gelangen. Hörst du den Angstruf der Sterbenden? Du möchtest Priester sein und ihnen beistehen. Rührt dich der Jammer der Witwen und Waisen? Du möchtest ein Engel des Trostes sein und ihnen helfen. Schau auf zum Gekreuzigten. Bist du Ihm bräutlich verbunden in treuer Beobachtung deiner heiligen Gelübde, so ist dein – Sein kostbares Blut. Ihm verbunden bist du allgegenwärtig wie Er. Nicht hier oder da kannst du helfen wie der Arzt, die Krankenschwester, der Priester. An allen Fronten, an allen Stätten des Jammers kannst du sein in der Kraft des Kreuzes, überall trägt dich deine erbarmende Liebe, die Liebe aus dem göttlichen Herzen, überallhin sprengt sie Sein kostbares Blut lindernd, heilend, erlösend.

Die Augen des Gekreuzigten schauen auf dich herab, fragend, prüfend. Willst du aufs neue in allem Ernst den Bund mit dem Gekreuzigten schließen? Was wirst du Ihm antworten?

"Herr, wohin sollen wir gehen? Du allein hast Worte des ewigen Lebens".

AVE CRUX   –   SPES UNICA!!!

TESTAMENT *

Nach der Vorschrift unserer Satzung habe ich von meiner ersten hl. Profeß (21. IV. 1935) ein Testament gemacht. Es wurde im Kölner Karmel mit den übrigen verwahrt. Vor meiner Versetzung nach Echt, im Dezember 1938, habe ich es im Einverständnis mit der lieben Mutter Teresia Renata de Spiritu Sancto, Priorin des Kölner Karmel, vernichtet. Es hätte an der Grenze Schwierigkeiten verursachen können. Ohnehin war es durch die Änderung des Verhältnisses hinfällig geworden.

Dieses Schreiben mag nun an Stelle eines Testamentes gelten. Ich habe zwar kaum noch etwas, worüber zu verfügen wäre. Aber im Falle meines Todes könnte es den lieben Vorgesetzten angenehm sein, meine Ansicht zu wissen.

Die mitgebrachten Bücher, soweit sie nicht rein wissenschaftlich und für die Schwestern unnütz sind, möchte ich natürlich am liebsten dem Hause hinterlassen. Die wissenschaftlichen Bücher würden gewiß bei unsern Patres, den Trappisten oder Jesuiten mit Freuden als Geschenk angenommen. Die Manuskripte bitte ich, durchzusehen und nach Gutdünken zu vernichten, in die Bibliothek aufzunehmen oder als Andenken zu verschenken. Die Familiengeschichte bitte ich, nicht zu veröffentlichen, solange meine Geschwister leben, und ihnen auch nicht zu übergeben. Nur Rosa dürfte Einblick gewährt werden und nach dem Tode den anderen ihrer Kinder. Über die Veröffentlichung soll auch dann der Orden entscheiden. Es sind zwei Manuskripte von ausländischen Studienfreunden dabei. Sollten sie bei meinem Tode noch nicht abgeholt sein, so würde ich bitten, sie an die Eigentümer zurückzusenden und ein kleines handschriftliches Andenken beizufügen. Die Adressen sind:

- Dr. Winthrop Bell, Chester, Nova Scotia, Canada.

- Prof. Dr. Roman Ingarden, Lewów (= Lemberg), Polen, Jabtonowskiel 4.

* Vgl. Edith-Stein-Archiv. Karmel "Maria vom Frieden". Köln. B.I. 43 b.

Die Manuskripte sind mit diesen Namen auf dem Umschlag-papier bezeichnet. Sollte bei meinem Tode das Buch "Endliches und ewiges Sein" noch nicht veröffentlicht sein, so würde ich den Hochwürdigen P.N. Provinzial bitten, für den Abschluß des Druckes und die Veröffentlichung gütigst Sorge zu tragen. Zu diesem Zwecke füge ich eine Abschrift des Verlagsvertrages bei. Da er vom Kölner Karmel geschlossen wurde, wäre für den Abschluß eines neuen wohl die Zustimmung des Kölner Karmel ebenso wie die des Verlegers Otto Borgmeyer in Breslau erforderlich.

Ich danke meinen lieben Vorgesetzten und allen lieben Mitschwestern von ganzem Herzen für die Liebe, mit der sie mich aufgenommen haben, und für alles Gute, das mir in diesem Hause zuteil wurde.

Schon jetzt nehme ich den Tod, den Gott mir zugedacht hat, in vollkommener Unterwerfung unter Seinen heiligsten Willen mit Freuden entgegen. Ich bitte den Herrn, daß Er mein Leben und Sterben annehmen möchte zu seiner Ehre und Verherrlichung, für alle Anliegen der heiligsten Herzen Jesu und Mariae und der Heiligen Kirche, insbesondere für die Erhaltung, Heiligung und Vollendung unseres heiligen Ordens, namentlich des Kölner und des Echter Karmels, zur Sühne für den Unglauben des jüdischen Volkes und damit der Herr von den Seinen aufgenommen werde und sein Reich komme in Herrlichkeit, für die Rettung Deutschlands und den Frieden der Welt, schließlich für meine Angehörigen, Lebende und Tote und alle, die mir Gott gegeben hat: daß keines von ihnen verloren gehe.

Am Freitag in der Fronleichnamsoktav, 9. Juni 1939, dem 7. Tag meiner Hl. Exerzitien.

In nomine Patris et Filii et Spiritus Sancti.

Sr. Teresia Benedicta a Cruce O.C.D.

Anhang II

EDITH STEINS LEBENSDATEN *

12. Okt. 1891	geboren zu Breslau
12. Okt. 1897	Besuch der Viktoriaschule zu Breslau.
1908-1911	Besuch des Oberlyzeums der Viktoriaschule.
1911	Abitur
1911-1913	Besuch der Universität zu Breslau (Germanistik und Geschichte)
1913-1915	Besuch der Universität in Göttingen (Philosophie, Psychologie, Geschichte und Germanistik). Begegnung mit Husserl und mit der phänomenologischen Schule.
Januar 1915	Staatsexamen – pro facultate docendi in philosophischer Propädeutik, Geschichte und Deutsch.
1915	Freiwilliger Roter-Kreuz-Dienst im Seuchenlazarett in Mährisch-Weißkirchen.
1915	Kurze Lehrtätigkeit im Breslauer Schuldienst.
1916	Assistentin bei Husserl in Freiburg.
1917	Promovierung zum Dr. phil. an der Universität Freiburg. Doktorarbeit über das Problem der Einfühlung. Inaugural-Dissertation, Halle 1917.
1.1.1922	Taufe und Aufnahme in die katholische Kirche.
1923-1931	Lehrerin bei den Dominikanerinnen in St. Magdalena, Speyer. Lyzeum und Lehrerinnenseminar.
1932-1933	Dozentin am Deutschen Institut für wissenschaftliche Pädagogik in Münster.

1928–1932	Vorträge und Kongresse im In- und Ausland (Prag, Wien, Salzburg, Basel, Paris, Münster, Bendorf).
1933	Verbot ihrer Dozentintätigkeit durch die NSDAP.
14. Okt. 1933	Eintritt in den Kölner Karmel.
15. April 1934	Einkleidung, bei der sie den Namen Teresia Benedicta a Cruce wählte.
21. April 1935	Zeitliche Gelübde für drei Jahre.
21. April 1938	Ewige Profeß.
31. Dez. 1938	Abschied vom Kölner Karmel. Holland. Karmel in Echt.
2. Aug. 1942	Verhaftung und Internierung im Sammellager Westerbork.
7. Aug. 1942	Deportation nach Auschwitz - 9. Aug. 1942: Vergasung.

* Vgl.: Schlafke, Jakob: E.S. Dokumente... Köln 1980. S.45–46.

Anhang III

EDITH STEINS BIBLIOGRAPHIE

Jeder Wissenschaftler weiß, welche Bedeutung für die Forschung eine Bibliographie darstellt. Viel Arbeit und nicht wenig Zeit wird durch die Zusammenstellung einer Bibliographie gespart und sie ermöglicht einen gesamten Überblick über das zu behandelnde Thema und seine jeweiligen Ableitungen. Das Erstellen eines solchen hilfreichen Arbeitsmittels ist aber kein problemloses Unternehmen; Genauigkeit, Vollständigkeit, Überprüfbarkeit sind Begriffe, die in einer Bibliographie nicht fehlen dürfen, sie können aber in einigen Gebieten der Wissenschaft Utopie werden. Beschränkung und Abwertung werden immer wieder notwendig. Trotz vieler sorgfältiger und anstrengender Arbeit bin ich mir bewußt, daß diese Bibliographie erheblich verbessert werden kann und deshalb bitte ich um Entschuldigung für das, was hier ungenau oder unvollständig sein könnte.

Dieser Bibliographie liegt die Arbeit von den Schwestern Johanna Hauke OCD und Gabriele Dick OCD, im "Archiv für Schlesische Kirchengeschichte" Bd. 42 (Sonderdruck) 'Edith Stein Forschung 1984' Hildesheim. 1984. S.215-236. erschienen, und meine persönliche Arbeit im "Edith Stein-Archiv" im Kölner Karmel "Maria vom Frieden" zugrunde.

Für die im Jahr 1984 erschienene Bibliographie bedanke ich mich sehr herzlich bei Sr. Teresia a Matre Dei OCD (Waltraud Herbstrith), die sie eingeführt und mir zugänglich gemacht hat, und bei der Priorin des Kölner Karmel Sr. Amata Neyer OCD, die mir es ermöglicht hat, problemlos im Edith-Stein-Archiv zu arbeiten.

N.B. Für jede Verbesserung und Ergänzung bin ich sehr dankbar!!!

Fr. Andrés E. Bejas O.P.
Lindenstraße 45
5000 Köln 1

Verzeichnis der Manuskripte im Besitz des
"Archivum Carmelitanum Edith Stein" in Brüssel.

A.I.1.:   Einführung in die Philosophie, Handschrift, 21 x
           16,5. 759 S.

A.I.2.:   Aufbau der menschlichen Person, Handschrift, 21,5
           x 17. 489 S.

A.I.3.:   Theologische Anthropologie, Handschrift, 21 x 16,5
           und 29,5 x 20,5. 566 S.

A.I.4.:   Potenz und Akt, Handschrift, 26 x 22. 449 S.
           (Im Nachlaß Edwig Konrad-Martius der Bayerischen
           Staatsbibliothek München befindet sich ein von der
           Verfasserin durchkorrigiertes Exemplar. Conrad-
           Martius F.I.2. - Ts. Dg. + 437 S. Maschinen-
           schrift)

A.I.5.:   Endliches und ewiges Sein, Anhang II. Maschi-
           nenschrift, 27,7 x 21,5. 76 S. Sach- und Namen-
           register, Handschrift, 21 x 15. 171 S.

A.I.6.:   Wege der Gotteserkenntnis, Handschrift, 22 x 17;
           33,5 x 21,5 und 34 x 22. 71 S.

           - idem: Maschinenschrift, 33,5 x 21,5: 101 S.

A.I.7.:   Kreuzeswissenschaft, Handschrift, 22 x 17. 319 S.

           - idem: Maschinenschrift, 34 x 21,5. 84 S.

A.I.8.:   Einleitung in die Phänomenologie, Maschinenschrift,
           34,5 x 21. 34 S.

A.I.9.:   Was ist Philosophie? Handschrift, 21 x 16,5. 44
           S.

A.I.10.:   Die weltanschauliche Bedeutung der Phänomeno-
           logie, Handschrift, 21,5 x 17. 53 S. (1932)

A.I.11.:   Natur und Übernatur in Goethes "Faust", Hand-
           schrift, 21,5 x 17. 46 S. (1932)

A.I.12.: Über Glauben, Wissen, Erkennen, Handschrift, 21 x 16,5. 47 S.

A.I.14.: Thema: Wahrheit – objektiver Geist – Wort und Sprache, Handschrift, 21 x 16,5. 35 S.

A.I.15.: Zum Problem der Einfühlung, Druck, 22,5 x 15,5, Bl. 1-132.

A.II.: Exzerpte

A.III.1.: Husserls Transzendentale Phänomenologie, Handschrift, 14,5 x 21,5. (1932)

A.III.2.: E. Husserl, die Krisis der europäischen Wissenschaft und transzendentale Phänomenologie, Handschrift, 21 x 16,5. 5 S. (1937)

A.IV.: Lose Blätter

B.I.1.: Der Eigenwert der Frau in seiner Bedeutung für das Leben des Volkes, Handschrift, 33 x 21. 10 S. (1928)

– idem: Maschinenschrift, 33 x 21. 5 S.

B.I.2.: Zum Kampf um den katholischen Lehrer (Druck)

B.I.3.: Das Ethos der Frauenberufe, Handschrift, 21 x 16,4. 46 S. (1930)

B.I.4.: Die Mitwirkung der klösterlichen Bildungsanstalten an der religiösen Bildung der Jugend, Handschrift, 21 x 16,5. 41 S.

– idem: Maschinenschrift, 32,5 x 21. 13 S.

B.I.5.: Grundlagen der Frauenbildung, Handschrift, 21 x 16,5. 42 S. (1930/31)

– Thema: Ergänzende Ausführungen zu "Grundlagen der Frauenbildung", Handschrift, 15 x 21. 10 S. (1932)

B.I.6.: Christliches Frauenleben, Handschrift, 15 x 21. 104 S. (1932)

B.I.7.:   Beruf des Mannes und der Frau nach Natur- und
           Gnadenordnung, Handschrift, 21 x 16,5. 90 S.
           (1931)

           - Notizblock mit Aufschrift: A.T. Berufung von
           Mann und Frau, Handschrift, 12 x 6. 28 S. (1931)

B.I.8.:   Mütterliche Erziehungskunst, Handschrift, 18 x
           22. 14 S.

           - idem: Maschinenschrift, 29 x 22,5. 15 S.

B.I.9.:   Notzeit und Bildung, Handschrift, 21 x 16,5.
           8 S.

B.I.10.:   Aufgabe der Frau als Führerin der Jugend zur
           Kirche, Handschrift, 21 x 16,5. 50 S. (1931)

B.I.11.:   Sendung der katholischen Akademikerin, Hand-
           schrift, 21,5 x 17. 6 S.

B.I.12.:   Wahrheit und Klarheit im Unterricht und in der
           Erziehung, Maschinenschrift, 28,5 x 22,5. 11 S.

B.I.13.:   Problem der Frauenbildung, Handschrift, 21 x
           16,5. 264 S. (1932)

B.I.14.:   Jugendbildung im Licht des katholischen Glaubens,
           Handschrift, 21,5 x 17. 53 S.

B.I.15.:   Aufgaben der katholischen Akademikerin in der
           Schweiz. Maschinenschrift, 27 x 21,5. 9 S. (1932)

           - Sendung der katholischen Akademikerin. Hand-
           schrift, 21,5 x 17. 6 S. (1932)

B.I.16.:   Die Bestimmung der Frau, Handschrift, 25,5 x 22.
           20 S.

           - idem: Maschinenschrift, 29,5 x 21. 12 S.

B.II.:   Exzerpte.

B.III.:   Rezensionen: B.I.3.

B.IV.:   Lose Blätter

C.I.1.:   Dionysius Areopagita: Himmlische Hierarchie, Handschrift, 20,5 x 16. 46 S.

– idem: Von der heiligen Kommunion, Handschrift, 24 x 14,5. 46 S.

– idem: Kirchliche Hierarchie, Handschrift, 20,5 x 16,5 136 S.

– idem: Epistolae, Handschrift, 20,5 x 16,5. 16 S.

C.I.2.:   Newman: The Idea of a University I, II, Handschrift, 21 x 16,5. 1174 S.

C.I.3.:   Quaestiones de Veritate: Index, Handschrift, 20,5 x 16. 261 S.

C.III.:   Rezensionen: Die Deutsche Summa, Handschrift, 21 x 15. 13 S.

D.I.1.:   Das Weihnachtsgeheimnis, Maschinenschrift, 33 x 21. 9 S.

D.I.2.:   Lebensgestaltung im Geist der hl. Elisabeth, Handschrift, 21 x 16,5. 50 S.

D.I.3.:   Liebe um Liebe, Handschrift, 21,5 x 17. 140 S.

– idem: Maschinenschrift, 29,5 x 21. 71 S.

D.I.4.:   Eine Meisterin der Erziehungs- und Bildungsarbeit: Teresia von Jesus, Handschrift, 21 x 15. 70 S.

D.I.5.:   Die hl. Teresia Margareta vom Herzen Jesu, Handschrift, 21,5 x 17. 35 S.

D.I.6.:   Das mystische Sühneleiden, Maschinenschrift, 29,5 x 21. 35 S.

D.I.7.:   Preciosa in conspectu Domini mors Sanctorum eius, Handschrift, 21 x 13. 30 S.

	- idem: Maschinenschrift, 28,5 x 22,5. 46 S.
D.I.8.:	Dreikönigen 1942, Handschrift, 20,5 x 16 und 17,5 x 11. 11 S.
D.I.9.:	Ein auserwähltes Gefäß der Göttlichen Weisheit, Handschrift, 23 x 14,5. 22 S. (Lebensbild von Sr. Aimee de Jesus).
D.I.10.:	Hochzeit des Lammes, Handschrift, 24 x 14,4. 16 S.
D.I.11.:	(Das Gebet der Kirche, Druck)
D.I.12.:	Kreuzerhöhung, Handschrift, 24,5 x 14,5. 4 S.
D.I.13.:	Zur Profeß von Schw. Mirjam von der kl. hl. Teresia, Handschrift, 21,5 x 16. 6 S.
D.I.14.:	Zum 6.1.1941, Handschrift, 22 x 14. 4 S.
D.I.15.:	Kreuzerhebung, Handschrift, 22 x 17. 4 S.
D.I.16.:	Verborgenes Leben und Epiphanie, Handschrift 27,5 x 21,5. 3 S.
	- idem: Maschinenschrift, 62 x 21,5. 1 S.
D.II.:	Exzerpte.
D.III.	(Neue Bücher über die hl. Teresia v Jesus. Druck)
E.I.1-8.:	Kolleghefte, Handschrift, 528 S.
E.II.:	E. Husserl, Husserl-Schüler: Aufzeichnungen, Korrespondenz, Zeitungsausschnitte, Photographien.
E.III.1.:	Thema: Tagebuch bis Sommer 1916, Handschrift, 21,5 x 17 1053 S.
	- idem: Vorwort, Maschinenschrift, 29,5 x 21. 20 S.

E.III.2.:   Tagebuch Sommer 1916, Handschrift, 24 x 24,5. 19 S.

E.IV.:   Familienphotographien.

E.V.:   Korrespondenz, Adreßbuch.

Verzeichnis der Manuskripte im Besitz des "Edith-Stein-Archiv" in Köln.

B.I.1.: Kollegnotizen über Husserls Vorlesung: Ethik, Fotokopie der Handschrift (Göttingen 1914), Manuskript im Besitz von Herrn Prof. Hansen (Neckargemünd)

B.I.4.: Die ontische Struktur der Person und ihre erkenntnistheoretische Problematik, Handschrift (Münster 1932/33).

B.I.5.: Thomas v. Aquin, De ente et essentia. Übersetzung, Handschrift (1934).

B.I.6.: Endliches und Ewiges Sein, Versuch eines Aufstiegs zum Sinn des Seins, Umarbeitung von 'Potenz und Akt' (Cfr. Archivum Carmelitanum E.S. A.I.4), Handschrift (1935/36).

B.I.9.: Beiträge zur Ordenskronik von Köln: Karmeliten "Im Dau" Karmelitinnen in der Schnurgasse - Wiederherstellung der belgischen Ordensprovinz. Übersetzung aus alten Chroniken, Handschrift, (1937).

B.I.10.: Unter dem Zepter der Friedenskönigin. Übersetzung aus dem Lateinischen, Rezension des gleichnamigen Buches von M. Teresia Renata de Spiritu Sancto. In: Analecta Ordinis Carmelitarum Discalceatorum, Juli/Sept. 1937, (1937).

B.I.11.: Die selige Marie Acarie und der theresianische Karmel. Übersetzung aus dem Französischen, aus Henri Bremond in Heiligkeit und Theologie, Handschrift.

B.I.12.: Johannes v. hl. Samson. Übersetzung aus dem Französischen aus Henri Bremond in: Histoire litteraire du sentiment religieux en France, Bd. 2. S.363 ff., Fotokopie der Handschrift. Das handgeschriebene Original befindet sich in Rom.

B.I.13.:   Sancta Discretio, Widmung an ihre Mutter Priorin Teresia Renata a Spiritu Sancto zum Namenstag am 15. Okt. 1938, Handschrift.

B.I.14.:   Ein Beitrag zur Chronik des Kölner Karmels – Wie ich in den Kölner Karmel kam, Abschiedsgeschenk für ihre M. Priorin. Handschrift, (1938).

B.I.19.:   Sr. Maria Gertrudis Theresia a St. Agnete OCD, 1902–1937 Maschinenschrift mit handschriftlicher Widmung (1940).

B.I.19.:   Die Hochzeit des Lammes, Ansprache z. Gelübdeerneuerung, Maschinenschrift von 1940, (Vgl. A. Carm. E.S. D.I.10.). (1940).

B.I.22.:   Mitschriften eines Triduums über die hl. Eucharistie, Handschrift, (1941).

B.I.23.:   Mitschriften eines Triduums vor Pfingsten, Handschrift, (1941).

B.I.24.:   Mitschriften von Exerzitien von P.J. Hirschmann SJ., dem Lateinischen, Handschrift.

B.I.27.:   Übersetzung der Zeremonien zum Goldenen Ordensjubileum. Handschrift.

B.I.29.:   Missa et Offizium B.M.V. Reginae Pacis, (Übersetzung), Handschrift.

B.I.30.:   Kleine Tagzeiten zur Friedenskönigin, Handschrift.

B.I.31.:   Hymnen-Übersetzungen nach dem Kirchenjahr geordnet. Im Archiv befinden sich 28 Übersetzungen, einige als Manuskript, andere als Kopie der Manuskripte, und noch andere als Maschinenschrift.

B.I.32.:   Festspiele. Insgesamt 5 Festspiele, davon nur eins als Handschrift; eine Fotokopie einer Handschrift und drei Maschinenabschriften (Vgl. Echt Nr. 12.).

B.I.33.:   Gedichte. Insgesamt 26 **Gedichte**, davon neun Handschriften und 17 Fotokopien von Handschriften.

B.I.34.: Gedicht-Übersetzungen. Drei Fotokop. der Handschriften.

B.I.35.: Verschiedene Verse, verfaßt oder abgeschrieben
von Edith Stein, Rosa Stein und S. Biberstein.

B.I.49.: Grundlagen der Frauenbildung – Arbeitspapier.

Verzeichnis der Manuskripte im Besitz des Karmel zu Echt.

1.- Ein Briefchen an die Muter Priorin im Karmel zu Echt mit der Bitte, sich als Sühnopfer für den wahren Frieden Gott anbieten zu dürfen, Passionssonntag, den 26.3.1939, Handschrift

2.- Herz Jesu-Gelübde vom 4.8.1939, Handschrift.

3.- Abschrift einer Kapitelabstimmung zwecks Angliederung an den Konvent der Karmelitinnen zu Echt, Echt, den 12.12.1941.

4.- Letzter Brief aus den Lager Drente-Westerbork, Poststempel vom 6.8.1942. Anschrift: Baracke 16, lt. Brief: Datum von 6.4.42. Baracke 36. Handschrift.

5.- Letztes Telegramm ohne Datum. Handschrift.

6.- "Die sogenannte Judenfrage" von P. Closen SJ. Übersetzung aus dem Lateinischen, Handschrift.

7.- St. Bonaventura: Die fünf Feste der Kindheit Jesu. Übersetzung aus dem Lateinischen.

8.- Sertillanges 11. Übersetzung (Fragment), Handschrift.

9.- Areopagitische Fragen (Fragment), Handschrift.

10.- Kleine Tagzeiten zur Friedenkönigin (Nur Maschinenschrift, vgl. Köln B.I.30.).

11.- Festoffizium der Herzverwundung der heiligen Mutter Teresia von Jesus. Übersetzung, Handschrift.

12.- Vier Festspiele, für die Ursulinen; Te Deum laudamus, zum Namenstag der Mutter Priorin; Nächtliche Zwiesprache und St. Michael, (Vgl. Köln B.I.32.), Handschriften.

13.- Neunzehn Gedichte anläßlich verschiedener Feierlichkeiten, Handschriften.

14.- Übersetzung aus Thomas von Aquin: Das Gelübde,
21.7.40., Handschrift (Vgl. Köln B.I.27.).

15.- Testament, Handschrift vom 9. Juni 1939.

Verzeichnis der Manuskripte im Klosterarchiv der Dominikanerinnen in St. Magdalena, Speyer.

1.- Eucharistische Erziehung, Vortrag im Speyer, Handschrift.

2.- Weihnachtsgeheimnis, Handschrift (Auf der Rückseite getippte und korrigierte Fassung eines Fragmentes der Übersetzung: Des hl. Thomas von Aquin. Untersuchungen über die Wahrheit).

3.- Quaestiones Disputatae "De Veritate". Des hl. Thomas von Aquin Untersuchungen über die Wahrheit. Handschrift der Übersetzung.

4.- Sechszehn Hymnenübersetzungen anläßlich verschiedener liturgischer Feierlichkeiten.

5.- Zahlreiche Aufsatzthemen, Literaturnotizen, Schulaufgaben, Notizen und Widmungen.

Briefe - Postkarten - Notizen.

Alle vier genannten Archive, Archive anderer religiöser Gemeinschaften (z.B. der Ursulinen, der Dominikanner, der Karmelitinnen etc.) und nicht zuletzt verschiedene Verwandte, Freunde und Privatpersonen besitzen auch zahlreiche Briefe und Postkarten, die Edith Stein zwischen 1916 und 1942 geschrieben hat. Insgesamt wurden bisher 349 Briefe veröffentlicht. Genauere Angaben über Adressaten, Ort und Datum der Briefe, Standort der Originale etc. können in "Edith Steins Werke" Band VIII. Selbstbildnis in Briefen, Erster Teil 1916-1934 und Band IX. Selbstbildnis in Briefen, Zweiter Teil 1934-1942, überprüft werden. Demnächst wird diese Briefsammlung von ca. 100 bisher unveröffentlichte Briefen ergänzt.

Zu Lebzeiten veröffentlichte Schriften

Zum Problem der Einfühlung (Dissertationsarbeit) Halle 1917. Nachdruck: Mit einer Hinführung von Johannes B. Lotz, München, 1980.

Kutznizky, Gertrud – Naturerlebnis und Wirklichkeitsbewußtsein. (Breslau 1919). Rezension in: Kant-Studien, 24/4. 1920. S.402-405.

Über das Wesen der Bewegung, in: Adolf Reinach, Gesammelte Schriften. Halle (Niemeyer) 1921. S.406-461.

Psychische Kausalität, in: Jahrbuch für Philosophie und phänomenologische Forschung. Bd. 5. 1922. S.2-116. Nachdruck in: Beiträge z. philosophischen Begründung der Psychologie und der Geisteswissenschaften. Tübingen, (Niemeyer) 2. unveränderte Auflage. 1970. S.2-116

Individuum und Gemeinschaft, in: Jahrbuch für Philosophie und phänomenologische Forschung. Bd. 5. 1922. S.116-283. Nachdruck in: Beiträge zur philosophischen Begründung der Psychologie und der Geisteswissenschaften (s.o.). S.116-283.

Was ist Phänomenologie?, in: Wissenschaftliche Beilage zur Neuen Pfälzischen Landes-Zeitung, 5. 15. Mai 1924.

Eine Untersuchung über den Staat, in: Jahrbuch für Philosophie und phänomenologische Forschung. Bd. 7. 1925. S.1-123. Nachdruck in: Beiträge zur philosophischen Begründung der Psychologie und der Geisteswissenschaften (s.o.) S.285-407.

Nachruf für Herrn Prälat Joseph Schwind, Generalvikar in Speyer, gestorben am 17. Sept. 1927 während er im Dom Beichte hörte. (Verfaßt von Frl. Dr. Edith Stein), in: Korrespondenz des Priestergebetsvereins im theol. Konvikt zu Innsbruck. 62. Jg. No. 1. Nov. 1927.

John Kardinal Newman, Briefe und Tagebücher 1801-1845. Übertragen von Edith Stein, hrsg. von Erich Przywara. München (Theatinerverlag) 1928.

Der Eigenwert der Frau und seiner Bedeutung für das Leben des Volkes. (Vortrag gehalten in der 15. Hauptversammlung des Kath. bayerischen Lehrerinnenvereins (K.b.J.L) in Ludwigshafen a. Rh. am 12.4.1928, von Dr. Edith Stein), in: Zeit und Schule (Jugendnummer, 5) 1. Juli 1928. S.107-110.

Husserls Phänomenologie und die Philosophie des heiligen Thomas von Aquin, in: Jahrbuch für Philosophie und phänomenologische Forschung. Ergänzungsband 1929 (Husserl-Festschrift). S.315-338. Nachdruck in: Husserl. Wege der Forschung. Bd. XL. Wissenschaftliche Buchgesellschaft. Darmstadt 1973. Nachdruck in: Festschrift Edmund Husserl. Tübingen (Niemeyer) 2. unveränderte Auflage, 1974 S.315-338.

Die Typen der Psychologie und ihre Bedeutung für die Pädagogik, in: Zeit und Schule (Jugendnummer, 2), 26. 1929. S.27-28.

Zum Kampf um den katholischen Lehrer, in: Zeit und Schule, 26. 1929. S.121-124.

Die Mitwirkung der klösterlichen Anstalten an der religiösen Bildung der Jugend. Klerusblatt, Organ des Diözesanpriestervereins Bayern und ihres wirtschaftlichen Verbandes, 48 und 49. 1929.

Die theoretischen Grundlagen der sozialen Bildungsarbeit, in: Zeit und Schule 27. 1930. S.81-85, 90-93, (16. Nov. 1930).

Zur Idee der Bildung, in: Zeit und Schule, 27. 1930. S.159-167.

Eucharistische Erziehung, in: Der Pilger. Katholische Kirchenzeitung für das Bistum Speyer, 27.07.1930.

Grundlagen der Frauenbildung, in: Stimmen der Zeit, 120. 1931. S.414-424 (Dazu: Ergänzende Ausführungen, in: Monatsschrift der Societas Religiosa – Kath. Frauenbewegung. Zürich, Februar 1932.)

Das Ethos der Frauenberufe, in: Der katholische Gedanke, Heft 4. 1930; sowie: Augsburg (Haas & Grabherr), 1931.

Der Intellekt und die Intellektuellen, in: Das heilige Feuer, 18. 1931. S.193-198 und 267-272.

Lebensgestaltung im Geist der heiligen Elisabeth, in: Benediktinische Monatsschrift, 13. 1931. S.366-377.

Elisabeth von Thüringen. Natur und Übernatur in der Formung einer Heiligengestalt, in: Das neue Reich, 13. 1931. S.779-781 und 801-802. Sowie in: Das bunte Blatt, Beilage z. M.U. (St. Elisabeth von Thüringen. Ein Gedenkblatt zur Siebenhundertjahrfeier ihres Todes am 19. November 1931) unter dem veränderten Titel: Elisabeth von Thüringen: Der Mensch und die Heilige.

Wege zur inneren Stille, in: Monatsbrief für die Societas Religiosa. 1932.

Akademische und Elementarlehrerin, in: Zeit und Schule. März 1932 S.2-3.

Die Frau als Führerin zur Kirche, in: Katholisches Sonntagsblatt für die Diözese Augsburg, 6. Nr. 31, 31. Juli 1932. S.503.

Die Aufgabe der Frau als Führerin der Jugend zur Kirche, in: Blätter der weißen Rose, 5. Werkblätter des süddeutschen Verbandes der katholischen Jungmädchenvereine. Juli-Sept. 1932. S.115-125.

Natur und Übernatur in Goethes Faust, in: Zeit und Schule, 29. Okt. 1932. S.125-131 und 134-136.

Beruf des Mannes und der Frau nach Natur- und Gnadenordnung, in: Die christliche Frau, 30. 1932. S.5-20.

Texte originel des interventions faites en langue allemande. Intervention de Mlle. Stein. In: La Phénoménologie. Journées d'Etudes de la Société Thomiste. Juvisy. 12 septembre 1932. Paris (Les Editions du Cerf) 1932. S.101-109.

Methaphisik der Gemeinschaft. in: Mädchenbildung auf christlicher Grundlage" Heft 24. 20. Dez. 1932. S.689-695.

Die Abstraktionslehre des hl. Thomas von Aquin. Von Dr. L.M. Habermehl. Speyer a. Rh. 1933, D.A. Koch. Rezension in: Philosophisches Jahrbuch der Görres-Gesellschaft, 46. Fulda 1933. S.502-503.

Des hl. Thomas von Aquino Untersuchungen über die Wahrheit. Band 1-2. Mit einem Geleitwort von Msgr. Martin Grabmann. Breslau (Otto Borgmeyer) 1932. Dazu ein Lateinisch-Deutsches Wörterverzeichnis. Breslau 1934.

Probleme der Frauenbildung, in: Benediktinische Monatsschrift, 14. 1932. S.356-371; 436-444 und 15. 1933. S.24-44; 110-122; sowie in: Kölnische Volkszeitung vom 19.2.1933.

Katholische Kirche und Schule. Eine Untersuchung über die historische und rechtliche Stellung der katholischen Kirche zu Erziehung und Unterricht mit besonderer Berücksichtigung der Verhältnisse in Preußen von Dr. jur. E. Dackweiler. Rezension in: Vierteljahrschrift für wissenschaftliche Pädagogik. 1933. S.495-496.

Notzeit und Bildung (Aus dem Vortrag bei der 47. Hauptversammlung der VkdL. Pfingsten 1932. Essen). In: Die Christliche Frau, 1933. (Vgl. in: Katholische Bildung, 86. Verein kath. deutscher Lehrerinnen: Aus der Chronik. Mai 1985. S.311-313.

Eingliederung der Frau in das Corpus Christi mysticum, in: Benediktinische Monatsschrift, 15. 1933. S.412-425.

Karl Adams Christusbuch, in: Die Christliche Frau. Münster. März 1933. S.84-89.

Theresia von Jesus. Konstanz (Canisiusverlag). 1934.

Die hl. Teresia Margareta vom Herzen Jesu (Margareta Redi). Würzburg (Ritaverlag) 1934.

Die Deutsche Summa, in: Die Christliche Frau. Münster 1934. S.245-252. Fortsetzung: Die Christliche Frau, Okt. 1934. S.276-281.

Die Deutsche Summa Bd. 25. in: Die Christliche Frau. Januar 1935. S.26-28 und April 1935. S.118-120.

Über Geschichte und Geist des Karmel, in: Zu neuen Ufern (Sonntagsbeilage der Postzeitung). Augsburg 31.3.1935.

Eine Meisterin der Erziehung- und Bildungsarbeit: Teresia von Jesus, in: Katholische Frauenbildung im Deutschen Volk 48. 1935. S.114-133.

Das Gebet der Kirche, in: Ich lebe und ihr lebt. Paderborn (Bonifatius-Druckerei) 1937. S.69-84.

Edmund Husserl – La crise de la science et de la philosophie transcendentale. Introduction à la philosophie phénoménologique. Tome I de la revue "Philosophia". – Belgrade, 1936, pp. 77-176. Rezention in: Revue Thomiste. Mai/Juni 1937. S.327-329.

Eine deutsche Frau und große Karmelitin: Mutter Franziska von dem unendlichen Verdiensten Jesu Christi OCD (Katharina Esser) 1804-1866, in: Die in deinem Hause wohnen. Hrsg. von Eugen Lenze. Einsiedeln/Köln (Benzinger) 1938. S.147-163.

Ein klösterlicher Reformator. P. Andreas vom hl. Romvald OCD. (1819-1883), in: Stimmen unserer lieben Frau vom Berge Karmel. Monatsschrift zur Förderung der Marienverehrung, hrsg. von: Provinzleitung Karmelitenkloster. Bamberg. 15. Jg. (1938-1939) Heft 4. Januar 1939.

Nachruf für Sr. Maria Gertrudis Theresia a S. Agnete OCD. Gestorben am 17. Sept. 1937. Selbstverlag der Karmelitinnen in Köln. März 1940.

Gesamtausgabe der Werke Edith Steins (E.S.W.)

Das 'Archivum Carmelitanum Edith Stein' in Brüssel hat unter Leitung von Pater Romaeus Leuven und Frau Dr. Lucie Gelber bisher 10 Bände aus dem Nachlaß von Edith Stein und aus noch zu Lebzeiten gedruckten Werke veröffentlicht.

Band I: "Kreuzeswissenschaft. Studie über Joannes a Cruce". Nauwelaerts Louvain/Herder, Freiburg 1950 (2. 1954).

Band II: "Endliches und Ewiges Sein: Versuch eines Aufstiegs zum Sinn des Seins". Nauwelaerts Louvain/Herder, Freiburg 1950 (2. 1962).

Band III: "Des heiligen Thomas von Aquino Untersuchungen über die Wahrheit". Teil I: Quaestio 1–13. Nauwelaerts Louvain/Herder, Freiburg 1952, (Zum ersten Mal bei Borgmeyer, Breslau, 1931 erschienen).

Band IV: "Des heiligen Thomas von Aquino Untersuchungen über die Wahrheit". Teil II: Quaestio 14–29. Nauwelaerts Louvain/Herder, Freiburg 1959 (Zum ersten Mal bei Borgmeyer, Breslau, 1932 erschienen).

Band V: "Die Frau: Ihre Aufgabe nach Natur und Gnade". Nauwelaerts Louvain/Herder, Freiburg 1959. Enthält:

- Das Ethos der Frauenberufe,

- Beruf des Mannes und der Frau nach Natur und Gnadenordnung.

- Christliches Frauenleben.

- Probleme der Frauenbildung.

- Aufgabe der Frau als Führerin der Jugend zur Kirche.

- Der Eigenwert der Frau in seiner Bedeutung für das Leben des Volkes.

Band VI: "Welt und Person. Beitrag zum christlichen Wahr-
heitsstreben". Nauwelaerts Louvain/Herder, Freiburg 1962. Enthält:

- Die weltanschauliche Bedeutung der Phänomenologie.

- Natur und Übernatur in Goethes "Faust".

- Husserls transzendentale Phänomenologie.

- Edmund Husserl, Die Krisis der europäischen
Wissenschaften und die transzendentale Phänomenologie.

- Die Seelenburg.

- Martin Heideggers Existentialphilosophie.

- Die ontische Struktur der Person und ihre er-
kenntnis-theoretische Problematik.

Band VII: "Aus dem Leben einer jüdischen Familie. Das
Leben Edith Steins: Kindheit und Jugend". 1965.
Vollständige Ausgabe bei de Maas & Waler Druten/
Herder, Freiburg 1985.

Band VIII:"Selbstbildnis in Briefen. 1. Teil: 1916-1934". De
Mass & Waler Druten/Herder, Freiburg 1976.

Band IX: "Selbstbildnis in Briefen. 2. Teil: 1934-1942". De
Mass & Waler Druten/Herder, Freiburg 1977.

Band X: Als Band X der Gesamtausgabe erschien 1983 von
Romaeus Leuven: "Heil im Unheil: Das Leben Edith
Steins. Reife und Vollendung". De Mass & Waler
Druten/Herder, Freiburg 1983.

REZENSIONEN. (Auswahl)

Zu Band I:

Amtus v. d. hl. Familie: Ephemerides Carmeliticae, 10. Firenze 1959. S.490-491.

Baceler de Oliveira: Revista portugesa di Filosofia, 2. Brage, Supl. bibl. 1953. S.142 f.

de Vos, A.F.: Angelicum, 29. Roma 1952. S.440.

Dubonquie, P.: Revue d'Histoire Ecclésiastique,
54. 1959. S.261.

Duval, A.: Revue S. philos. theol., 36. Le
Saulchoir 1952. S.549.

Gaiani, S.: La scuola cattolica, 87. Venegano,
1959. S.149-150.

Giblet, J.: Collectanea Mechelinensia, 64. Mech-
liniae 1959. S.110.

Granero, J.M.: Revista de Filosofía, 147. Madrid
1953 S.314-315.

Hayen, H.: Nouvelle Revue Théologique, 74.
Tournai 1952 S.780-781.

I.R.: Revue Bénédictine, 58. Maredsous 1959.
S.143-144.

Klubertanz, G.P.: In: The modern Schoolman (St.
Louis) 28. 1951. S.308.

Mertens, H.: Collectanea Mechelinensia, 69.
Mecheliniae 1959. S.143-144.

Naumann, V.: Zeitschrift für Katholische Theologie, 74 Wien 1952. S.376.

Nink, C.: Scholastik, 26. Freiburg 1951. S.246-
249.

Picard, C.: Antonianum, 26. Roma 1951. S.140–141.

Thils, G.: Ephemerides Theologicae Lovanienses, 35. Lovanii 1959, S.467–468.

Vandenbunder, A.: Collationes Brugenes et Gandavenses, 5. Bruges et Gand 1959. S.126.

van Lier, H. La Revue, Nouvelle Tournai, 248. 159. S.143–144.

Walgreve J.: Kulturleben, 18. Antwerpen 1951. S.73.

Zu Band II:

A.H.: Nouvelle Revue Theologique. Tournai 1959. S.81/332.

Alibzu J.: Verdad y vida, 19. Madrid 1961. S.584–585.

Allers, R.: The New Scholasticismus, 26. Washington 1952. S.480–485.

Ders.: The New Scholasticismus, 32. Washington 1958. S.132–133.

Capanaga, V.: Augustinus 15. Madrid 1960. S.121.

Coreth, E.: Zeitschrift für Katholische Theologie, 75. Wien 1953. S.110–112.

Geiger, B.: Revue de Sciences Philosophiques et Theologiques, 38. Le Saulchoir 1954. S.275–277.

Hering J.: Revue d'Histoire de l'Eglise de France, 32. Paris 1952. S.157–159.

Kaufmann, F.: Philosophy and phenomenological Research 12, Buffalo 1952. S.572–577.

Klubertanz, G.: The modern Schoclman, 39. St. Louis 1961/62. S.420.

Millet, L.: Les Etudes Philosophiques, 14. Paris 1959. S.103.

Morad, M. St.: Divus Thomas, 30. Freiburg 1952. S.369–375.

Nota, Jean: Katholiek Culturell Tijdschrift, 6. Amsterdam 1952/53. S.183–184.

Ders. in: Tijdschrift voor Filosofia en Theologie, 23. Leuven 1961. S.343–344.

Pfiffner, P.: Giornale Metafisica, 7. Torino 1952. S.740–741.

Suda, J.: Franziskanische Studien, 35. Münster 1953. S.116–123.

Tiliette, X.: Etudes, 300. Paris 1959. S.271.

Vignone, L.: Intorno a E. Stein, in: Rivista di Filosofia Neo-Scolastica, 50. Milano 1958. S.77–82.

Zu Band III und IV:

Allers, R.: Das Neue Reich, 13. 1931. S.911.

Bartmann, B.: Edith Stein. Des hl. Thomas von Aquin Untersuchungen über die Wahrheit. Theologie und Glaube, 25. S.646 ff.

De Vries: Scholastik, 7. 1932. S.451.

Denneffe, Des hl. Thomas von Aquin Untersuchungen über die Wahrheit (Frankfurt/M) 34. S.131.

Divus Thomas, 13. 1933. S.100–103.

Zu Band V:

Sr. Marie Caterine: The New Scholasticismus, 37. Washington 1963. S.94–97.

Tomarelli, U.: Sacra doctrina, 57. Milano 1970.
S.150-151.

Simeon, L.M.: Freiburger Zeitschrift für Philosophie und Theologie, 10. Freiburg/Schweiz 1963.
S.184.

Veröffentlichungen aus dem Nachlaß und Nachdrucke außerhalb der Gesamtausgabe.

Weihnachtsgeheimnis. Selbstverlag der Karmelitinnen in Köln 1950.

Sancta Discretio, in: Erbe und Auftrag, 38. 1962.

Die selige Marie Acarie und der theresianische Karmel. Übersetzung von Henri Bremond in: Heiligkeit und Theologie. 1962. S.17-84.

Mein erstes Göttinger Semester. Mit einem Nachwort und Chronologie. (Nürnberger Liebhaberausgaben, Bd. 35, Nürnberg (Glock und Lutz) 1979.

Frauenbildung und Frauenberufe, München (Schnell und Steiner) 1949, (4. Aufl. 1956).

Die Frau in Ehe und Beruf, Bildungsfrage heute (Herder Bücherei Bd. 129). Freiburg (Herder) 1963 (2. Aufl.).

Beiträge zur philosophischen Begründung der Psychologie und der Geisteswissenschaften (Psychische Kausalität; Individuum und Gemeinschaft; eine Untersuchung über den Staat), Tübingen (Niemeyer) 1970 (2. Aufl.).

Husserls Phänomenologie und die Philosophie des hl. Thomas von Aquin, in: Festschrift Edmund Husserl. Zum 70. Geburtstag gewidmet, Tübingen (Niemeyer) 1974. S.315-338. (2. Aufl.)

Wege der Gotteserkenntnis. Dionysius der Areopagit und seine symbolische Theologie. Tijdschrift voor Philosophy, 8. Februar 1946. Nachdruck, München (Kaffke) 1979.

Wege zur inneren Stille. Gesammelte Schriften. München (Kaffke) 1979 (2. Aufl. 1984, enthält: Weihnachtsgeheimnis; Das Gebet der Kirche; Wege zur inneren Stille; Sancta Discretio; Der Intellekt und die Intellektuellen; Teresa von Avila; Elisabeth von Thüringen; Geschichte und Geist des Karmels).

Zum Problem der Einfühlung, (Nachdruck der Dissertation von 1971 mit einer Hinführung vcn J.B. Lotz S.J.). München (Kaffke) 1980.

Gedichte und Gebete aus dem Nachlaß, (Schriftenreihe zur Meditation, Nr. 13), München (Kaffke) 1982.

Schriften über Edith Stein

Adamska, S. Immaculata OCD: Prawda o Milosci, Edyta Stein. Krakow 1973. (Eine Biographie über Edith Stein)

——, O nocy ktoros prowadizila. Krakow 1973.

——, Edith Stein, Proba Biografii. In: Jesli Evangelie przyjmuje sie doslownie (Reihe: W nurcie zagadnien posoborowych Tom 10), Wydawictwo Siostr Loratanek, Warszawa 1977. S.11-178.

Ales Bello, Angela: A proposito de la "philosophia perennis". Tomaso d'Aquino e Husserl nell'interpretatione di Edith Stein. In: Sapienza, 27. 3/4. 1974. 1974. S.441-451.

——, Edith Stein: da Edmund Husserl a Tomaso d'Aquino. In: Memorie Dominicane, 7. 1976. S.265-276.

——, Fenomenologia e Tomismo in Edith Stein. In: Atti del Congresso Internazionale. Tomaso d'Aquino nel suo settimo Centenario (1974). Vol 6. Napoli 1977, S.469-479.

Alexander, C.: Der Fall Edith Stein. Flucht in die Chimäre. Karmel-Verlag. Frankfurt/M. 1969.

Alexander, W.: Dr. Edith Stein – Nur eine Philosophin? Spuren einer ungewöhnlichen Frau. In: Göttinger Monatsblätter, 7. 1980. S.2-3.

Aloisio da Virgem do Carmo: Edith Stein. Del judaismo al Carmelo reformado. In: 'El monte Carmelo'. Revista de estudios carmelitanos, 52/59. Burgos 1951. S.33-46.

Als een brandende toorts, Documentaire Getuigenissen over Dr. Edith Stein en modeslacht offers, hrsg. von Freunden von Edith Stein. Echt/Holland 1967.

Alvarez, Tomas OCD: Una filosofa ebreo-tedesca: Edith Stein. In: Fuoco da Avila; Il 'Castello interiore' di S. Teresa compie 400 anni: 1577-1977; Nr. 7/8 de "Il Messaggero del S. Bambino Gesù di Praga. Arenzo 1977. S.34.

Anselm, M.: Philosophy and the religious woman: Edith Stein. In: Philosophy in a technological Culture. Washington 1964.

Arborelius, A.: Biografi-Texter. Karmeliterna. Helinborg 1983.

Atanagora, D'A. OCD: La Chiesa en un membro vivo d' Israele. Edith Stein, In: Ephemerides Carmeliticae, 17. Roma 1966. S.441-476.

Atenagora dell Sp. Sancto: La missione della donna nella Chiesa. In: Rivista di Vita Spirituale, 4/5. 1969. S.442-453.

--, Martire e econtemplativa. In: Rivista di Vita Spirituale, 4/5. 1970. S.411-442.

Bajsic, Aloisius: Der Begriff einer christlichen Philosophie bei Edith Stein (Phil. Diss.). Bozen 1961.

Balzer, C.: Edith Stein, filosofa, carmelita y martir. In: Criterio, 26. Nr. 1203-1206. Bs. As. 1954. S.130-135.

Barra, Giovanni: Edith Stein: In: Donne di Dio. Le più belle figure di suore dei nostri tempi. Torino 1962. S.172-185.

Barrientos, Alberto: Estrellas amarillas. In: Revista de Espiritualidad, 32. Nr. 128/129. Madrid 1973. S.415-416.

Barukinamwo, Matthieu: Edith Stein. Pour une cntologie dynamique, ouverte à la transcendance totale. Frankfurt/M 1982. (European University Studies, XXIII. Vol 169)

Basehart, Catherine: The encounter of Husserl's Phenomenology and the Philosophy of Thomas in selected Writings of Edith Stein (Dissertation) University of Notre Dame. Michigam, U.S.A. (Kopie in E.S.A. Köln F.II.36).

Basehart, Catherine: The encounter of Husserl's Phenomenology and the Philosophy of Thomas in selected Writings of Edith Stein (Dissertation) University of Notre Dame. Michigam, U.S.A. (Kopie in E.S.A. Köln F.II.36).

--, On educating Women: The relevance of Stein. Continuum, 4. 1966.

--, Infinity in Edith Stein's Endliches und ewiges Sein. In: Infinity. Washington 1981. S.126-134.

Batzdorff-Biberstein, Susanne: Erinnerungen an meine Tante Edith Stein. In: Edith Stein. Ein neues Lebensbild in Zeugnissen und Selbstzeugnissen, hrsg. von Waltraud Herbstrith. Freiburg 1983. S.69-76.

Benotto, Giovanni: Edith Stein, eine von sechs Millionen. In: Katholischer Digest. Aschaffenburg 1961. S.907-910.

Bernbeck, Eligius: Individuum und Gemeinschaft bei Edith Stein. In: Carmelus Commentarii ab Instituto Carmelitano editi (Roma) 14. 1967. S.3-62.

Bertinelli, Carla: Il pensiero di Edith Stein: dalla fenomenologia alla scienza de la Croce. Milano 1976.

--, L'itinerario di Edith Stein: dalla psicologia alla metafisica, alla mistica. In: Letture 8/9. 1977. S.505-524.

Betz, Otto: Edith Stein. Eine sachliche Heilige. In: Gefährliche Freiheit. Der Christ zwischen Infantilität und Mündigkeit, hrsg. von Otto Betz. München 1961. S.168-178.

Bienias, Maria: Edith Stein. In: Katholische Frauenbildung, 53. Nr. 11. Paderborn 1952. S.689-703.

--, Edith Stein und die Kreuzeswissenschaft. In: Katholische Frauenbildung, 53. 1952. S.822-823.

--, Edith Steins Sendung, 1891-? In: Lebendige Tradition im Wirken führender Frauen des VkdL (Verein kath. deutscher Lehrerinnen) hrsg. von E. Schmücker und M. Emerich. Bochum 1960, S.102-108.

Bienias, Maria: Das Lebensopfer der schlesischen Konvertitin Edith Stein im Karmel und in Ausschwitz. In: Schlesisches Priesterjahrbuch 3, 1961. S.69–101; sowie als Sonderdruck im Brentanoverlag, Stuttgart 1961.

—, Wesen und Aufgabe der Frau nach der Lehre von Edith Stein. In: Edith-Stein-Schule. Festschrift zur Feier der Namensgebung. Darmstadt 1961. S.69–80.

—, Begegnung mit Edith Stein. Leipzig 1963.

—, Zur Literatur über Edith Stein. In: Schlesisches Priesterjahrbuch 5/6. 1966. S.160–168.

—, Edith Stein. In: Schlesier des 15. bis 20. Jahrhunderts, (Schlesische Lebensbilder, Bd. 5). Würzburg 1968. S.247–254.

Böhm, Wilhelmine: Im Schatten von Golgotha – Edith Stein (Theologie und Leben 56). Freising 1980.

Bonaventura dell'Ausil: Edith Stein e la scienza della Groce. In: Fonte Viva. 1956. S.199–209.

Bordeaux, Henry: La vie pathétique d'Edith Stein. Paris 1955.

— Edith Stein. Una testimonianza di vita contemplativa. In: Rivista di Vita Spirituale, 9. Roma 1955. S.213–229.

Brotone, Emilio: Dall'università ai campi di sterminio. Edith Stein. In: Luca serena, 20. Milano 1974. S.67–70.

—, Suor Teresa Benedetta della Groce – Edith Stein. Roma 1976.

Brancaforte: Introduzione. In: Edith Stein – La filosofia esistenziale di Martin Heidegger. Catania 1979.

Braun, Robert: Edith Stein. In: Katolsk Tidskrift, 4. 1951. S.150–155.

Braybrooke, Neville: The called and the chosen: a comparative study of Edith Stein and Simone Weil. In: Religion and Life, 28. New York 1958/59. S.98-103. (Französische Übersetzung in: Etudes. Revue catholique d'interet general, 300. Paris 1959. S.65-70. Deutsche Übersetzung in: Wort und Wahrheit, 14. Freiburg 1959. S.135-138.)

--,   Edith Stein and Simon Weil, In: Hibbert Journal, 64. London 1965/66. S.75-80.

--,   Two spiritual heroes of our century: Edith Stein and Simone Weil. In: Studies, 59. Dublin 1970. S.149-154. (Spanische Übersetzung in: Arbor. Nr. 66. 1967. S.443-450).

Brenzing, M. Callista S.O. Cist.: Meine Begegnung mit Edith Stein in: Anregung. Zeitschrift für die höhere Schule. Heft 6. 1960.

Brockhusen, Gerda: Espiritualidad en Alemania: Corrientes modernas - Edith Stein. Madrid 1968.

Brother, Robert: The broken Lamp. A story of Edith Stein. Notre Dame. USA 1957.

Brunner, August: Edith Steins geistige Gestalt. In: Stimmen der Zeit, 178. 1966. S.300-303.

Buchmüller, Maria: Edith Stein. In: Katholische Schule, 6. 1959. S.69-70.

--,   Edith Stein. Weg und Sendung. In: Erbe und Auftrag, 38. 1962. S.41-52.

--,   Wäre Edith Steins Rettung möglich gewesen? In: Erbe und Auftrag, 49. 1973. S.116-129.

Bürgin-Kreis, Hildegard: Edith Stein und ihre Studienfreunde. In: Die Schweizerin, 48. Luzern 1961.

Candelori, F.: Edith Stein in cerca di una verità da vivere. In: Presenza del Carmelo, 7. 1975. S.55-68.

--,   Edith Stein, Il capro espiatorio nel deserto. In: Presenza del Carmelo, 8. 1976. S.51-62.

Cantalamessa, R.: Edith Stein e gli Ebrei. In: Vita e pensiero, 47. 1964. S.895–905.

Casimir, J.: Edith Stein and the modern woman. In: Spiritual Life 8. 1962. S.127–131.

Castiglione, H.: Edith Stein. In: L'Osservatore Romano. 13.8.54. S.3.

––, A Quindici anni della morte di Edith Stein. La sua eroica 'scientia crucis'. In: L'Osservatore della Domenica, 34. Nr. 26, Vaticano 25.6.1967. S.10–11.

Clarke, Hugh: Edith Stein. Catholic Truth Society. London 1984.

Colgen, Josef: Edith Stein. Natur und Gnade. In: Der Rufer, 52. 1983. S.111–113.

Collins, James: Edith Stein. The advance of Phenomenology. In: Thought, 17. New York 1942. S.67.

––, The fate of Edith Stein. In: Thought, 18. 1943. S.324.

––, Endliches und Ewiges Sein. By Edith Stein, In: The modern Schoolman, 29. St. Louis 1951/52. S.139–145.

Conrad–Martius, Hedwig: Meine Freundin Edith Stein. In: Hochland, 51, 1958/59, S.39–46; sowie in: Edith Stein, Briefe an Hedwig Conrad–Martius, München 1960, S.61–83; sowie in: Edith Stein. Ein neues Lebensbild in Zeugnissen und Selbstzeugnissen, hrsg. von W. Herstrith. Freiburg 1983. S.82–94.

––, Edith Stein. In: Archives de Philosophie, 22. Paris 1959. S.163–174.

––, Edith Stein, Märtyrin. In: Edith–Stein–Schule. Festschrift zur Feier der Namensgebung. Darmstadt 1961. S.49–53.

Constantini, E.: Einfühlung und Intersubjektivität. In: Analecta Husserlriana Bd. XI. Dordrecht 1981. S.335–339.

Constantini, E.: Edith Stein: Il problema dell'empatia. Introduzione e note a cura di Elio Constantini. Roma 1985, (Einführung, S.15-53; Übersetzung von: 'Zum Problem der Einfühlung', S.54-271.

Corral, M.: Edith Stein. Una mujer ante la verdad. In: Temas de Espiritualidad, 30. 1967. S.75-80.

Courtois, R.: Fille d'Israel. Louvain 1951. (Spanische Übersetzung in: Convertidos del s. XX, hrsg. von F. Lelote. Mdrid 1966. S.39-54).

Cristaldi, Giuseppe: L'opera Filosofica di Edith Stein: Essere finito e essere infinito. In: L'Osservatore Romano. 22.7.1972. S.3.

Czapska, M.: Jeszcze biografia swietych. In: Kultura. Paris 1954. S.135-138.

Davy, Marie-Magdaleine: Edith Stein ou de la philosophie à l'absolu. In: Age nouveau, 9. Paris 1954. S.88-90.

Dedeban, M.: Message d'Edith Stein. In: Eleona, 36. Toulouse 1956. S.16-17.

Dempf, Alois: Endliches und ewiges Sein. In: Philosophisches Jahrbuch, 62. 1953. S.201-204.

—, Deutsche Thomas Übersetzung. In: Blätter für Deutsche Philosophie. Band 8. Berlin 1934. S.449-451.

Devaux, A.: L'idée de vocation dans la vie et dans la pensée d'E. Stein. In: Les Etudes philosophiques, 11. Paris 1956. S.423-446.

—, Introduction bibliographique à l'étude d'Edith Stein. In: Les Etudes Philosophiques, 11. Paris 1956. S.447-450.

Dondorfer, Witgar: Weg zu Gott. Edith Stein, Philosophin und Karmelitin. In: Missionsblätter von Münsterschwarzach, 45. 11/12. 1950. S.174-177.

Drahos, Mary: Eternal Sabbath (A biographical drama in three acts based on the life of Edith Stein). Blackfriars 'Theatre. New York 1963.

Drügemöller, Teresia Margareta OCD: Edith Stein - Eine Heilige? München/Köln 1953.

Dubois, Marcel: L'itinéraire philosophique et spirituel d' Edith Stein. In: Revue thomiste, 73. Toulouse 1973. S.181-210.

Dumareau, R.: Un témoin de la lumière: Edith Stein. In: Etudes philosophiques, 10. Paris 1955. S.238-249.

Eckert, Willehad P. OP.: Edith Stein - Der Opfergang einer großen Jüdin und Deutschen. In: Schriftenreihe der kölnischen Gesellschaft für Christlich-Jüdische Zusammenarbeit Köln, Heft 3. Juni 1959.

--, Edith Steins Versöhnungsopfer. In: Kontakt, Heft 8. 1981. S.33-35.

--, Edith Stein zum Gedächtnis. In: Herder Korrespondenz, 6. 1952. S. 532-534. (Anon.)

--, Edith Stein. Tod einer Nonne. In: Der Spiegel, 21. 1967. S.106.

Egan, M.J.: The Story of Edith Stein. Jewess-Philospher-Convert and Carmelite. Irland 1957.

Eichmann-Leutenegger, Beatrice: Komm, wir gehen für unser Volk. In: Weltbild, hrsg. im Auftrag der dt. Bischöfe, Nr. 23. Nov. 1981. S.36-38.

--, Eine weniger Bekannte, Edith Stein. In: Orientierung, 45. 1981. S.176-178.

--, Leuchtschrift und Sternverdunkelung. In: Neue Zürcher Zeitung, Okt. 1981. S.68; sowie in: Edith Stein. Ein Lebensbild in Zeugnissen und Selbstzeugnissen, hrsg. von W.H. Freiburg 1983. S.143-150.

Elisabeth, Ruth: Een Jodin, genaamd Edith Stein. Leuven 1966.

Emerentia, M.: Dr. Edith Stein. Zr. Teresia Benedicta a Cruce. Schlachtoffer van haar volk. Carmelitana. Gent.

Emmerich, M.: Edith Stein zum Gedenken. In: Katholische Frauenbildung, 68. 1967. S.522-553.

de Fabregues, Jean: La conversion d'Edith Stein, patronne de l'Existentialisme. Paris 1963.

Fabro, Cornelio: Edith Stein, Husserl e Martin Heidegger. In: Humanitas, 33. 1978. S.485-517.

--,   Edith Stein, dalla filosofia al suplizio. In: Ecclesia, 9. Città del Vaticano, 1949. S.344-346.

--,   Dalla fenomenologia al Carmelo, al campo di concentramento. L'Osservatore Romano. 6.4.1951. S.3.

--,   Edith Stein. In: Enciclopedia Cattolica.

Falkenstein, J.: Ha caido una estrella. Drama religioso en cuatro actos. In: E.S.A. Köln F.II.24.

Feuling, Daniel OSB: Edith Stein. In: Die Frau in Ehe und Beruf. Bildungsfragen heute. Freiburg 1963. S.162-16E.

Frings, J. Kard.: Selig- und Heiligsprechungsprozeß. Edith Stein. In: Schlesisches Priesterjahrbuch 3/4, 1964. S.162-164.

Frommherz, Uta: Edith Stein: Jüdin, Philosophin, Karmelitin. In: Reformatio, 18. Zürich 1969. S.76-90.

Gaglio, A.: La visione della donna in Edith Stein. In: Rassegna di Ascetica e Mistica, 24. 1973. S.111-118.

Garcia Rojo, E.: Vivencia y aportacion liturgica de Edith Stein. In: Ephemerides Carmeliticae, 30. 1979. S.69-97.

--,   Edith Stein. El hombre Ser Trascendente (Dissertation). Salamanca. 1982/83.

Garcia Rojo, Edith Stein o el Gozo de la Cruz. In: Revista de espiritualidad, Nr. 167. 1983. S.219-242.

—, Presupuestos para una filosofía de la persona en Edith Stein. In: Ephemerides Carmeliticae, 35. 1984. S.359-384.

Galofaro, J.: Dalla cattedra al Lager. Edith Stein. Postulatione Generale OCD. Roma 1959.

—, Edith Stein e suoi maestri. In: Tabor, 31. 1976. S.32-40.

—, Sguardo sugli itinerari di Edith Stein. In: Rivista di Vita Spirituale, 2. 1977. S.226-237.

—, La croce di luce. Profilo di Edith Stein. Roma 1962.

Gas chamber martyr. In: Time, Atlantic Ed., 66. New York 1955. S.28. (Anon.)

Gelber, Lucy: Edith Stein. Teresia Benedicta a Gruce. In: Tijdschrift voor Philosophie, 30. Luvain 1950. S.129-149.

—, Waarden en waarderen volgens.

—, Alle Kommentare der in der Gesamtausgabe bisher erschienenen Werke Edith Steins.

Gemelli, A.: Edith Stein. Una mirabile conversione. Da Husserl a Tomaso d'Aquino alla morte eroica. In: Vita e pensiero, 34. Milano 1951. S.425-429.

—, Edith Stein. In: L'Osservatore Romano, 91. Roma 1951. S.3.

—, Edith Stein. In: Rivista di Vita Spirituale, 5. Roma 1951. S.375-396.

Gerl, Hanna-Barbara: Edith Stein. Das Engagement einer großen Frau in Wissenschaft und Kirche. In: Edith Stein. Ein neues Lebensbild in Zeugnissen und Selbstzeugnissen, hrsg. von W. Herbstrith. Freiburg 1983. S.106-142.

Gerstner, H.: Edith Stein, eine große Frau der Kirche unseres Jahrhunderts. Bern 1975.

--, Das heilige Siebengestirn. Edith Stein. München 1974.

Gli Scritti della Serva di Dio Edith Stein, Studio ufficiale dei due Teologi censori della S. Congregatione per le cause dei Santi. Postulazione Generale OCD. Roma 1977.

Goock, A.: Methaphisical ordination; reflections on Edith Stein's "Endliches und Ewiges Sein" (Dissertation) University of Dallas 1982.

Gordan, Paulus OSB: Edith Stein zum Gedächtnis. In: Erbe und Auftrag, 38. 1962. S.27-28.

Gössmann, E.: Simone Weil und Edith Stein. Die Einheit von tätigem und betrachtendem Leben. In: Die Frau und ihr Auftrag: Gestalten und Lebensformen. Freiburg 1965. S.171-198.

Graef, Hilda: Edith Stein et les dons du Saint-Esprit. In: La vie spirituelle. 34. Paris 1952. S.504-515.

--, The Vocation of Edith Stein. In: Carmel. Discalced Carmelite Quarterly, I/1. London 1953.

--, The scholar an the cross. The life and work of Edith Stein London-N.Y.-Toronto 1953.

--, Zeugnis des vernichteten Lebens. Freiburg 1979, (= Leben unter dem Kreuz, 1954)

Grant, Cecily: Edith Stein Philosopher-Convert-Carmelite. Victim of the Nazis. Cath. Truth. Society. London 1957.

Grenet, P.: Aspects de la vie et de la pensée d'Edith Stein, juive catholique, philosophe et martyre. In: Bulletin du Cercle thomiste de Saint-Nicolas de Caen. Juillet-sept. et oct. 1952.

Grohmann, Johannes: Um des Judentums willen gestorben. Der Lebensweg der Philosophin und Karmelitin Edith Stein. In: Freiheit und Recht, 9. 1963. S.16-20.

Guilead, Reuben: De la Phénoménologie a la Science de la Croix. L'itineraire d'Edith Stein. Paris 1974.

Guissard, Lucien: De la Synagoge au Carmel, Edith Stein. In: La Croix. Avril 1963. S.14-15.

Guitton, Jean: Due carmelitane. Edith Stein e Teresa Martin. In: Digest Religioso, 8. Roma 1962. S.46-47.

Haber, marx: Il-Grajja ta' Edith Stein. Soru Karmelitana. Terezjana Magtula. Min-nazi. Malta 1970.

Halda, B.: Thématique phénoménologique et implications: Husserl, Edith Stein, Marleau Ponty. Brüssel-Paris-Louvain 1977.

Hanley, Boniface OFM: The slaughter of an Innovent. In: The Antonian. Paterson-New Jersey 1979.

Hartmann, Norbert: Edith Stein. In: Geist und Geistesgaben, hrsg. von Anton Rotzetter OFM, (Seminar für Spiritualität, 2.) Zürich 1980. S.201-224.

--, Edith Stein. Am Kreuz vermählt. Ausgewählt und eingeleitet von N. Hartmann OFM (Reihe: Klassiker der Meditation) Köln. 1984.

Hässler, C.: Zum 70. Geburtstag von Edith Stein am 12. Okt. 1961. In: Die christliche Frau, 50. Köln 1961. S.142-145.

Hauke, M. Johanna OCD: Hic et nunc. Edith Stein - Symbol der Zukunft. In: Ordensnachrichten, 20. Wien 1981. S.238-257.

Herbstrith, Waltraud (Teresia a Matre Dei OCD): Edith Stein. Ein Mensch unserer Zeit. In: Mitten in der Kirche. Sonderdruck der Zeitschrift Christliche Innerlichkeit. Wien 1962. S.56-67.

--, Edith Stein. Zum 30. Jahrestag ihrer Einkleidung, In: Geist und Leben, 37. 1964. S.64-67.

Herbstrith, Waltraud: Das Urbild wahren Frauentums. In: Rosenkranz, 71. 1964. S.318-323.

--, Edith Stein. Auf der Suche nach Gott. Kevelaer 1965.

--, Edith Stein. In: Große Gestalten christlicher Spiritualität, hrsg. von J. Sudbrack und J. Walsch. Würzburg 1969. S.385-404; 411.

--, Gott ruft uns nicht damit wir schlafen. Zum 80. Geburtstag Edith Steins. In: Christ in der Gegenwart, 23. 1971. S.325-326.

--, Edith Stein. In: Theologie und Leben, 12. Freising 1972.

--, Edith Stein und Thomas von Aquin. Zum 700. Todestag des hl. Thomas von Aquin. In: Wort und Antwort, 15. 1974. S.181-186.

--, Hilfen zur Meditation; unter Einbeziehung von Weisungen Edith Steins. In: Christliche Innerlichkeit, 10. Wien 1974/1975. Heft 5/6. S.41-46.

--, Edith Stein und ihre Beziehung z. benediktinischen Mönchtum. In: Regulae Benedicti Studia, hrsg. von B. Jaspert und E. Manning, Bd. 3/4. Hildesheim 1974/75. S.101-113.

--, Edith Stein. Ihr Beitrag zu Frieden und Versöhnung. In: Die christliche Frau, 64. 1975. S.144-154.

--, Edith Stein. In: Große Deutsche aus Schlesien, hrsg. von H. Hupka. München 1975 (2. Aufl.). S.312-320.

--, Edith Stein. In: Zeitgeschichte in Lebensbilder. Band 2.: Aus dem Deutschen Katholizismus des 20. Jhds. hrsg von R. Morsey. Mainz 1975. S.25-36 und 214-215.

--, Verwandlung durch Meditation - Edith Stein. Frankfurt/M. 1976.

--, From Atheism to Sanctity. In: Carmel. Dublin 1976. S.8-9.

Herbstrith, Waltraud: Edith Stein. In: Ortskriche im Dienst der Weltkirche. Festgabe für die Kölner Kardinäle Joseph Höffner und Josef Frings, hrsg. von N. Trippen und W. Mogge. Köln 1976. S.41-42.

--,   Edith Steins Leben. Ein Zeugnis ökumenischen Denkens. In: Die christliche Frau, 66. 1977. S.1-6.

--,   Mit Christus am Kreuz gestorben. 35. Todestag Edith Steins. In: KNA-Katholische Korrespondenz, 30. 1977. S.2-3.

--,   Weg in die Tiefe - Edith Stein. In: Dasein für andere. Geistliche Berufung heute. Frankfurt/M. 1977. S.76-85.

--,   Edith Steins Weg als ökumenisches Zeugnis. In: Christ in der Gegenwart, 29. 1977. 261-262.

--,   Edith Stein. Was ist Wahrheit? In: Leben das sich lohnt. Trilogie: Terese von Avila - Therese von Lisieux - Edith Stein. Frankfurt/M. 1977. S.303-446.

--,   Trágico destino de una mujer fuerte: Edith Stein. In: Mujeres del s. XX. Madrid 1978. S.27-50; sowie in: Revista de Espiritualidad, 148. Madrid 1978. S.365-388.

--,   Edith Stein - Zeichen der Versöhnung. Mit einem Geleitwort von Bischof Georg Moser, München 1979.

--,   E.S. Meilensteine ihres Lebens. In: Heute, 11. 1979. S.32-35.

--,   Wie erfahre ich Gott? Neugründung des Edith-Stein-Karmel. In: Christ in der Gegenwart, 31. 1979. S.76.

--,   Recht, Wirklichkeit, Sein. Zur Rolle der Frau in Welt und Kirche. Gedanken von Edith Stein. In: Christ in der Gegenwart, 32. 1980. S.221-222; sowie in: Edith Stein. Ein Neues Lebensbild in Zeugnissen und Selbstzeugnissen, hrsg. von W. Herbstrith. Freiburg 1983. S.95-105.

Herbstrith, Waltraud: Edith Stein und ihr Judentum. In: Edith Stein. Ein neues Lebensbild in Zeugnissen und Selbstzeugnissen, hrsg. von W. Herbstrith. Freiburg 1983. S.125–142.

—, Die erlösende Kraft des Kreuzes – Edith Stein. In: Gelebte Nachfolge. Wortgottesdienste, hrsg. vom Bischöflichen Ordinariat Rottenburg. Rottenburg 1980. S.27–30.

—, Edith Stein. In: Verweilen vor Gott. Freiburg 1980. S.93–106.

—, Edith Stein. Die Wahrheit suchen, Gott finden und die Menschen. In: Deutsche Glaubenszeugen. Zum Besuch des Papstes, hrsg. von E. Späth. Freiburg 1980. S.94–100.

—, Das Zeugnis Edith Steins. In: Von Gottes Barmherzigkeit und der Gerechtigkeit der Menschen II, hrsg. von der Reinhold-Schneider-Stifung Hamburg. Heft 16, Sept. 1981. S.13–16.

—, Zum 40. Todestag Edith Steins. In: Treffpunkt. Kontaktblatt des teresianischen Karmels in Deutschland, 12. 1982 S.135–138.

—, Edith Stein. Bilder des Lebens. München 1982 (2. Aufl.).

—, Glaube in der Bewährung – Edith Stein. In: Kehrt um und glaubt, erneuert die Welt. 87. Dt. Katholikentag, Düsseldorf 1982. Die Vortragsreihen Fragen zur Zeitgeschichte nach 1945: Gestalten des Glaubens – Zeugen des Glaubens. Paderborn 1982. S.43–52.

—, Weg und Zeugnis der Karmelitin Edith Stein (1891–1942). In: Archiv für schlesische Kirchengeschichte, 41. Hildesheim 1983. S.97–121.

—, (Hrsg.) Edith Stein. Ein neues Lebensbild in Zeugnissen und Selbstzeugnissen. Mit einer Einleitung von W.H. Freiburg 1983.

—, Das wahre Gesicht Edith Steins (Reihe: Edith-Stein-Karmel Tübingen). München 1983 (5. Aufl.)

Herbstrith, Waltraud: Beten mit Edith Stein. München 1983
(3. Aufl.)

--,   Edith Stein. In: Dem Leben trauen, weil Gott es
mit uns lebt. Reinhold-Schneider-Stiftung Hamburg.
Heft 24, Sept. 1983. S.69-85.

--,   Edith Stein - Hingabe als Stellvertretung. In:
Christliche Innerlichkeit, 19. Wien 1984. S.32-42;
55.

Hilberling, Brigitte: Edith Stein. In: Hochland, 42. 1949.
S.91-94.

Hillig, Franz: Edith Stein. In: Stimmen der Zeit, 145. 1949/
50. S.33-38.

Hippel, E. von: Edith Stein. Untersuchung über den Staat.
In: Die Kirche in der Welt, 9. 1957. S.53-58.

Hirschmann, J. SJ: Schwester Teresia Benedicta vom Hl.
Kreuz. In: Hirschberg, 34. 1981. S.124-126; sowie
in: Edith Stein. Ein Neues Lebensbild in Zeugnissen
und Selbstzeugnissen. Freiburg 1983. S.151-155; sowie in: Ja zu Gott im Dienst an der Welt, hrsg.
von J. Beutler SJ, E.B., W. Kasper, W. Rhein.
Würzburg 1984. S.477-480.

Höfliger, Anton: Das Universalienproblem in Edith Steins
Werk: Endliches und ewiges Sein. (Studia Friburgen-
sia, 46) Freiburg/Schweiz 1968.

Hoffmann, Anna: Edith Steins philosophischer Zugang zu Gott
in ihrem Werk: Endliches und Ewiges Sein. Würzburg 1977.

Hornschuch, Helene: Sie ging bewußt den Weg des Kreuzes.
In: Benediktus Bote, 38. Heft 3. Gröbenzell 1968.
S.59-61. Fortsetzung: 38, 4. S.78-80; 38, 5. S.100-
103; 38, 6. S.127-130; 38, 7. S.150-152; 38, 8 S.176-
179; 38, 9. S.197-199.

Huerga, Alvaro: Edith Stein. La hebrea que halló la Verdad. In: La Vida Sobrenatural, 37. 1957. S.127-151.

Huning, Alois: Edith Stein u. Peter Wust. Von der Philosophie zum Glaubenszeugnis. Münster 1969.

Husserl, Edmund: Empfehlung für eine Habilitation Edith Steins. In: Edith Stein. Ein Neues Lebensbild in Zeugnissen und Selbstzeugnissen, hrsg. von W.H. Freiburg 1983. S.77.

Ign. B.: Edith Stein (Geestelijke Gestalten). In: Tijdschrift voor geestelijk Leven, 9. 1950. S.614-623.

Ildefonso de la Inmaculada: Libertad y personalidad en E.S. In: Revista de Espiritualidad, 31. 1972. S.231-241.

Ingarden, R.: Über die philosophischen Forschungen Edith Steins. In: Znak, 23. Krakau 1971. S.389-409; sowie in: Freiburger Zeitschrift für Philosophie und Theologie, 26. 1979. S.465-478 (Deutsche Übersetzung aus dem polnischen Original).

Jaegerschmid, Adelgundis OSB: Edith Stein. Der Chor der Stimmen. In: Die Schweizerin, 43, Nr. 6. Luzern 1959. S.196-202.

--, Edith Stein. Ein Lebensbild. In: Int. Kathol. Zeitschrift Communio, 10. 1981. S.465-478.

--, Gespräche mit Edmund Husserl 1931-1936. In: Stimmen der Zeit, 199. 1981. S.48-58.

--, Die letzten Jahre Edmund Husserls 1936-1938. In: Stimmen der Zeit, 199. 1981. S.129-138.

Johanna a Cruce: Das Jesulein im Deutschen Karmel. Sr. Teresia Benedicta a Cruce. In: Das Jesulein im Theresianischen Karmel. Wil./Schweiz 1965. S.171-176.

Kanz, H.: Die Philosophie Edith Steins. In: Edith-Stein-Schule. Festschrift zur Feier der Namengebung. Darmstadt 1961. S.54-66.

Karmelitin aus Le Paquier: Edith Stein. In: Lebendiger Karmel. Fribourg 1959. S.89-96.

Katzer, Josef: Zum Beispiel Edith Stein - Ich gehe für mein Volk. In: Weinberg, 2. 1976. S.12-13.

Kaufmann, F.: Endliches und Ewiges Sein. Versuch eines Aufstiegs zum Sinn des Seins. Edith Stein. In: Philosophy and Phenomenological Research. Vol. 12. Buffalo 1951/52. S.572-577.

Kawa, Elisabeth: Edith Stein. Die vom Kreuz gesegnete. Berlin 1953.

Kempner, Robert M.: Edith Stein und Anne Frank. Zwei von Hunderttausend. Freiburg 1968.

—, Un proĉes historique: l'assassinat programme d'Anne Frank d'Edith Stein, et de cent mille Juifs des Pays-bas. In: Le Monde Juif. Revue du Centre de Document. Juive Contemporaine, 23. Avril-Juin 1967. S.20-26.

Klienk, Viktoria Luisa: La struttura della persona umana nella concezione di Edith Stein (Dissertation). Roma 1967.

Koepke, Cordula: Edith Stein - Philosophin und Ordensfrau. Freiburg/Schweiz 1985.

Kloidt, Franz: Edith Stein. In: Verräter oder Märtyrer? Düsseldorf 1962. S.525-539.

Kölner Selig- und Heiligsprechungsprozeß der Dienerin Gottes Sr. Teresia Benedicta a Cruce - Edith Stein, hrsg. von Teresia Renata Posselt OCD und T.M. Drügemöller OCD. Köln 1962.

Kowalsky, Inge: Edith Stein - Die Jüdin, die ins Kloster ging. In: Frau im Leben. Heft 10, 1981. S.66-67.

Krabbel, Gerta: Edith Stein. In: Selig sind die Friedenswächter. Katholische dt. Frauen aus den letzten hundert Jahren, hrsg. von G. Krabbel. Regensb./ Münster 1949. S.217-257.

Krogmann, Angelica: "Doktora Mystica". Zum Prozeß der Edith Stein. In: Die Christengemeinschaft, 39. 1967. S.50-53.

Kruse, (Beda): Edith Stein. In: Leopoldianum, 3. Santos 1976. S.85–92.

Krückeberg, Wilhelm: Edith Stein, Leben–Glauben–Sterben. In: Bausteine für die Einheit der Christen, 23. 1983. S.4–11.

Kühn, Rolf: Klarheit über den Abgründen. Zum 90. Geburtstag und 40. Todestag Edith Steins: 12.10.1891 – 9.8.1942. In: Franziskanische Studien, 63. 1981. S.289–302.

La Front, Dom Ghislain: Edith Stein ou la mystique et son peuple. In: Temoignages, 52. Paris 1955. S.412–421.

Laubhardt, Placida: Edith Stein. Sr. Teresia Benedicta a Cruce. In: Frauenland. Heft 1/2. Freiburg 1950. S.6–8; Fortsetzung: H.3/4, 1950. S.41–43.

Lauer, Nikolaus: Lebendige Liebesflamme. Edith Stein zum Zeugnis. In: Pilgerkalender 1972. S.23–39.

Leber, Annedore: Das Gewissen steht auf. Bd. 2: Das Gewissen entscheidet. Lebensbilder aus dem Deutschen Widerstand. Berlin/Frankfurt 1957.

Lenz-Medoc, Paul: L'idée d'Etat chez Edith Stein. In: Les Etudes philosophiques, 11. Paris 1956. S.451–457.

Leuven, Romaeus OCD: 'Über Edith Stein' in der holländischen Zeitschrift "Carmel". April 1949.

——, De Weg naar binnen. Brugge 1965.

——, Edith Stein. In: Ephemerides Carmeliticae, 19. Roma 1968. S.237–281.

——, Heil im Unheil. Das Leben Edith Steins: Reife und Vollendung (ESW. Bd. X). Druten/Freiburg 1983.

Liebrecht, Hans: Eine Schlesierin unserer Zeit. Zum 60. Geburtstag Edith Steins. In: Christ unterwegs, 5. 1951. Nr. 10. S.3–8; nr. 11. S.5–10.

Lisboa, A.: Edith Stein. Uma filosofia vivida ate o fim. In: Estudos, 18. 1958, Nr. 68. S.51–56.

Lier, Henri van: Edith Stein, par une moniale française. In: Revue nouvelle. 1954. S.236-246.

Lobato, Abelardo: Edith Stein o la mujer testigo del amor. In seinem Werk: La pregunta por la mujer. Salamanca 1976. S.175-260.

--, Vida y pensamiento teológico de Edith Stein. In: Aspernas 28. 1981. S.357-377.

Lopez Sainz, Celia: Edith Stein. Bilbao 1965.

Lotz, J.B.: Das ist die Wahrheit. Edith Stein zum Gedenken. In: Publik vom 8.10.1971. (Vgl. auch die Einleitung des Neudruckes der Doktorarbeit Edith Steins)

Lüthold, Ida: Edith Stein. Ein Leben für die Wahrheit. München 1960.

Macca, V.: Edith Stein. Una presenza die grazia nella Chiesa. In: Rivista di vita Spirituale, 29. Roma 1975. S.178-190.

Magyar, Erzsebet: Edith Stein. In: Szolgalat. Isten mai tanui, 19. Graz 1973. S.17-25.

Maldonado de Guevara, F.: De San Juan de la Cruz a Edith Stein. In: Arbor. 15. Madrid 1950. S.339-346.

Magiagalli, Mauricio: Gli intelletuali e la Guida della societa politica in un saggio di Edith Stein. In: Valori-Diritti-Norme, hrsg. von Josef Motal. Milano 1978.

Manshausen, Udo Theodor: Die Biographie der Edith Stein. Beispiel einer Mystagogie (Europäische Hochschulschriften Reihe 23 Bd. 233) Frankfurt/M. 1984.

Maria M. del Cuore di Gesù e della SS. Trinità: Edith Stein, una testimonianza di vita contemplativa. In: Rivista di Vita Spirituale, 9. 1955. S.213-229.

--, La missione della donna nella Chiesa nel pensiero di E.S. In: Rivista di Vita Spirituale, 23. 1955. S.42-453.

Maria M. del Cuore di Gesù e della SS. Trinita: Martire e contemplativa. Teresa Benedetta della Croce. E. Stein. In: Rivista di Vita Spirtuale, 24. 1970. S.411–442.

Matthew, Monk: Edith Stein, Catholic Truth Society. London 1984.

Migues, Jose Antonio: Bergson y Edith Stein. Dos caminos hacia la mística. In: Arbor, 92. Nr. 357/360. 1975. S.14–31.

Miribel, Elisabeth (de): Edith Stein. Paris 1954.

Mleinek, Elisabeth: Edith Stein und wir. In: Katholische Frauenbildung, 57. 1956. S.657–659.

——, Edith Stein zum Gedächtnis. In: Katholische Frauenbildung 59. 1958. S.781–783.

Moglioni, Augusto: Una hebrea s'immola per gli ebrei. Edith Stein. Pescara 1956.

Möller, Josef: Edith Stein, Persönlichkeit und Vermächtnis. Vortrag anläßlich der Einweihung des E.S. Studentinnenheims in Tübingen, (27.11.1966) hrsg. vcn Prof. Alfons Hufnagel Rottenburg.

Mondrone, Domenico: il volto humano e religioso di Edith Stein. In: La civiltà cattolica. 1973. S.215–230; 624.

Moosen, Inge: Edith Stein. Nicht Märtyrerin sondern Opfer. In: Frankfurter Hefte. Zeitschr. für Kultur und Politik, 37. 1982. S.51–54. Dazu: Antwort auf Sr. Amata Meyer OCD, 38. 1983 S.10–11.

Moßhammer, Ottilie: Edith Stein. Leben einer Frau. In: Die Seele, 25. Regensburg 1949. S.199–205.

Muzio, Luigi C. Di OCD: I giorni della verita. La vicenda di Edith Stein. In: La Sorgente. Roma 1974.

——, Edith Stein. La verita e il calvario. In: Il Messagero del S. Bambino Gesu di Prga, 4. Arenzano 1980.

Muzio, Luigi C. Edith Stein – Sr. Teresia Benedicta a Cruce. In: Schulinformationen, 14/4. 1982. S.21–30.

Nabuco, Maria Anna: Edith Stein convertida, carmelita, martir. In: Vozes. Petropolis–Rio de Janeiro 1955.

Neckerman, M. Eugenie: Wissenschaft als Gottesdienst? In: Edith–Stein–Schule. Schulbericht 1978/80. S.10–12 (Vgl. 9; 35).

Nettesheim, Josefine: Der Weg der Konvertitin Edith Stein. In: Ut omnes unum, 18. Paderborn 1955. S.110–113.

Neyer, Maria Amata OCD: Edith Stein. Eine Heilige für unsere Zeit. Artikel in Fortsetzungen, in: Christliche Innerlichkeit, 7/8. Wien 1972. S.15–24; 8/1, 1972. S.6–19; 8/5, 1973. S.38–53.

——, Edith Stein als Kontemplative. In: Christliche Innerlichkeit, 9/1. Wien 1973. S.47–54; 9/6, 1974. S.44–53.

——, Edith Stein – Eine ökumenische Gestalt. In: Jetzt, 6. Wien 1973. S.18–19.

——, Edith Stein – Die Schlesierin. In: Heimatbrief der Katholiken des Bistums Breslau, 3. 1976. S.8.

——, Die Philosophin und die Kinder. In: Christliche Innerlichkeit, 14/6. Wien 1979. S.273–284.

——, Edith Stein und ihre Begegnung mit einzelnen Priesterpersönlichkeiten. In: Pax Korrespondenz, 2. 1982. S.2–6.

——, Edith Stein und die Liturgie. Artikel in Fortsetzungen in Christliche Innerlichkeit, 18/2. Wien 1983. S.74–82; 18/3–4, 1983. S.196–205; 18/6, 1983. S.306–318.

——, Edith Stein als lehrende Frau. In: Katholische Bildung, 78 1977, S.511–522.

——, Edith Stein und Teresia von Avila. Versuch einer Dokumentation. In: Christliche Innerlichkeit, 17/2–4. Wien 1982. S.183–197.

Neyer, Maria Amata OCD: Frauen, die wir nicht vergessen sollen. Edith Stein. In: Frau und Mutter, 7/8. 1982. S.4-5.

--, Edith Stein. Vor 50 Jahren feierlich im Kölner Karmel eingekleidet. In: Köln. Vierteljahrschrift für die Freunde der Stadt, 2. 1984. S.30-32.

--, Edith Stein. Ihre Bedeutung für unsere Zeit. In: Grosser Ruf. Eine katholische Stimme der Gegenwart, 2. 1978. S.37-38.

--, Nochmals - Edith Stein: Eine Martyrerin? In: Frankfurter Hefte. Zeitschrift für Kultur und Politik, 38. Frankfurt 1983. S.13-15.

Nicholl, Donald: Edith Stein. Philosopher, Carmelite and Martyr. In: Life of the sprit, 35. Oxford 1949. S.449-505.

Niebler, Else: Ein Leben im Zeichen der Versöhnung. In: Aktuelle Informationen, hrsg. von der Abt. für Öffentlichkeitsarbeit im Bischöflichen Ordinariat Mainz, Nr. 24. 1982.

--, Edith Stein - Biographie. In: Edith-Stein-Schule. Festschrift zur Feier der Namengebung. Darmstadt 1961. S.37-47.

Nigg, Walter, Edith Stein spricht: Dies ist die Wahrheit. In: Vom beispielhaften Leben. Olten/Freiburg 1976. S.225-243.

Nick, Caspar: 'Stein Edith. Endliches und Ewiges Sein'. In: Scholastik, 26. Freiburg 1951. S.246-249. (Rez.)

Nota, Jan SJ: Schwester Benedicta vom Kreuz - Edith Stein. Philosophin, Karmelitin, Märtyrin. Manuskript der Vorträge im Katholischen Bildungswerk Bonn, hrsg. vom Kath. Bildungswerk Bonn. 1967.

--, Edith Stein und der Entwurf für eine Enzyklika gegen Rasismus und Antisemitismus. In: Freiburger Rundbriefe, 26. 1974. S.35-41; sowie in: Intern. Kath. Zeitschrift Communio, 5. 1976. S.154-166; 469.

Nota, Jan SJ: Die Wahrheit über Edith Stein. In: Christ in der Gegenwart 35. 1983. S.269-270.

--, Edith Stein. Philosophin und Karmelitin. In: Edith Stein. Ein neues Lebensbild in Zeugnissen und Selbstzeugnissen, hrsg. von Waltraud Herbstrith. Freiburg 1983. S.156-170.

Offenberg, Maria: Ein Leben unter dem Kreuz, eine Studie über Edith Stein. In: Die christliche Frau, 44. Köln 1955. S.7-9.

Oesterreicher, J.M.: Walls are crumbling: seven jewish philosophers discover Christ. The Dewin Adair Company. New York 1952. (Deutsche, französische und spanische Übersetzung)

Pape, Inge: Edith Stein. Jüdin, Philosophin, Mystikerin. Festvortrag in Pädagogische Hochschule Vechta. Mitteilungsblatt Nr. 16/17. 1961. S.10-14.

Pagani, Virginia: Dall'Università ai campi della morte. Edith Stein. In: La Rocca, 9. Assisi 1950. S.9, 12.

Paul, Leon: Martyr for the Jews. In: The Homiletic and Pastoral Review, 55/7. New York 1975.

Paulus, Martha: Edith Stein. Aus Leben und Werk. München/ Zürich 1960.

Penne, M.T.: Edith Stein. Esempio di umiltà intellettuale e pratica nella linea di S. Tommaso. Atti del congresso internationale, (Roma 1974). VoL. II. Napoli 1977. S.552-558.

Pfleger, Maria Carmela: En memoria de Edith Stein. In: Estudios. Santiago de Chile 1952. S.48-59.

Plaszcynski, Ireneusz: Motivation der Glaubensentscheidung bei Edith Stein (Diplomarbeit) Vallendar 1982/83.

Poelzig, Peter: Die Edith-Stein-Schule. In: Unser Bocholt 8. 1950. S.11-14.

Pohl, M. Baptista: Edith Stein. Kaldenkirchen 1962.

Posselt, Teresia Renata OCD.: Edith Stein. In: Gesetz und Geheimnis. Köln 1959. S.162-166.

—, Edith Stein, Brescia 1959.

—, Edith Stein. Eine große Frau unseres Jahrhunderts. Freiburg 1963, (9.Aufl.)

Przywara, Erich SJ.: Edith Stein. Zu Ihrem 10. Todestag. In: E.P. In und Gegen. Nürnberg 1955. S.61-67; sowie in: Die Besinnung, 7. 1952. S.238-242.

—, Thomas von Aquin deutsch. In: Stimmen der Zeit, 121. Freiburg 1931. S.385-386.

—, Die Frage Edith Stein. In: E. P., In und Gegen. Nürnberg, 1955. S.67-73.

—, Edith Stein et Simone Weil. Essensialisme, Existentialisme, Analogie. In: Les Etudes philosophiques, 11. Paris 1956. S.458-472.

Pucilowski, J.: Edyta Stein. In: Wiez, 6. Warszawa 1968. S.135-139.

Puskely, Maria: Edith Stein. In: Akik a jobbik Reszt Valasztottak Roma 1978. S.51-172.

Rasmussen, Tove: Filosoffen og mystikeren Edith Stein. In: Catholica, 8/4. Kobenhavn 1951. S.155-164.

Reifenrath, Bruno: Erziehung im Lichte des Ewigen. Die Pädagogik Edith Steins. Frankfurt 1985.

Reina, M.E.: Profilo di Edith Stein. Una filosofa ebrea davanti a Cristo. In: Missione. 1956. S.36-38.

Reinhard, Hilde Maria: Del judaismo al Carmelo y del Claustro al martirio. In: Ignis Ardens, 21. Sevilla 1950. S.18-22.

Repges, W.: Vor 40 Jahren starb Edith Stein. In: Renovatio, 38. 1982. S.178-184.

Rombach, Heinrich: Edith Stein, christliche Philosophie unserer Zeit. In: Anzeiger für die Geistlichkeit, 59. 1950. S.80-81.

Rossi, G.: Menschen begegnen Christus. Aus dem Leben moderner Karmeliten. Luzern 1952 (2. Aufl.). S.131-147.

Rozumek, Angela: Edith Stein. Zum Gedächtnis ihres Todes vor 25 Jahren. In: Freiburger Rundbriefe, 14. 1967. S.63-68.

Ruf, Josef: Das Abbild der Dreifaltigkeit in der Schöpfung in Edith Steins Buch: Endliches und Ewiges Sein (Phil Diss.) Augsburg 1974.

Ruth, Elisabeth: Een Jodin genaand Edith Stein. Uitb. Davidsfonds Leuven 1966.

Salmen, Josef SVD: Das Personenverständnis bei Edith Stein (Phil. Diss.) Rom 1973.

Sarale, N.: Edith Stein. Una santa per il nostro tempo. In: N. Sarale, Ora come in uno specchio: l'avventura spirituale di Edith Stein. Torino 1975. S.13-41.

Schanz, Johannes: Edith Stein heute. Würzburg 1971.

Scherer, A.: Edith Stein. In: Frauen im Umbruch der Zeit (Theologie und Leben, 37) Freising 1976. S.79-87.

Schiller, Edeltraud: Edith Stein (1891-1942). Philosophin, Pädagogin, Märtyrerin. In: Frauen des Glaubens, hrsg. von P. Imhof. Würzburg 1985. S.239-252.

Schlafke, Jakob: Edith Stein. Dokumente zu ihrem Leben und Sterben. Köln 1980.

Schlikel, Ferdinand: Edith Stein. Zu ihrem 40. Todestag. In: Kontakt, 10. Köln 1983. S.40-41.

--, Edith Stein. Karmelitin mit dem Judenstern. In: Der Pilger. Katholische Kirchenzeitung der Diözese Speyer. 15. Okt. 1981.

Schmidbauer, Robert: Edith Stein. In: Zeugen der Wahrheit, hrsg. von Waltraud Herbstrith OCD. München 1980. S.131-136.

--, Das fiat der Gottesmutter im Denken von Edith Stein. In: Christliche Innerlichkeit, 18/5. 1983. S.257-261, 263.

--, Die Christologische Offenheit der Philosophie Edith Steins. In: Praesentia Christi. Festschrift Johannes Betz zum 70. Geburtstag, hrsg. von L. Lies. Düsseldorf 1984. S.467-474

Schmitt, Veronika E. OCD: Gebet als Lebensprozeß. Teresa von Avila, Edith Stein. München 1982. S.71-112.

--, Hoffnung wider der Hoffnung - bei Edith Stein. In: Christliche Innerlichkeit, 18. Wien 1983. S.50-55.

Schneider, Reinhold: Die Sendung der Edith Stein. In: Christ in der Gegenwart, 1. 1949. Nachdruck in: Von Gottes Barmherzigkeit und der Gerechtigkeit der Menschen II. Reinhold-Schneider-Stiftung Hamburg, Heft 16, 1981. S.9-12 und Heft 24, 1983. S.94-97.

Scholz, Susanne: Edith Stein. Festrede zur Schuleinweihung. In: Unser Bocholt, 8/4. 1957. S.19-23.

--, Edith Stein. In: Katholische Frauenbildung, 60. Paderborn 1959. S.465-471.

Schömig, Richard: Edith Stein. Gestalt und Werk. In: Katholische Bildung, 81. 1980. S.385-403.

Sciamanninin, R.: Una vita donata per l'ebraismo. In: Miles Ihmaculatae, 3. 1967. S.327-342.

Secretan, Philibert: Edith Stein. Chronologie biographique et bibliographique. In: Studia philosophica, 35. Basel 1975. S.220-221.

--, Personne, Individu et Responsabilité chez Edith Stein. In: Analecta Husserliana, 5. Dordrecht 1976. S.247-258.

Secretan, Philibert: The self and the other in the thougt of Edith Stein. In: Analecta Husserliana, 6. Dordrecht 1977. S.87–98.

—, Essence et personne. Contribution à la connaissance d'Edith Stein. In: Freiburger Zeitschrift für Philosophie und Theologie, 26. 1979. 481–504.

—, Edith Stein on the Order and Chain of being. Transl. by E.M. Swiderski. Analecta Husserliana, 11. Dordrecht 1981 S.113–123.

Severin, Karin: Von der Phönomenologie zur Kreuzeswissenschaft. Edith Stein. Weg einer deutschen Jüdin zur Karmelitin. In: Christliche Innerlichkeit, 15. Wien 1980. Heft 3/4. S.156–172.

Siegmund + Gelber, L.: Edith Stein. In: Philosophisches Jahrbuch, 57/2. Fulda 1947. S.121–124.

—, Edith Stein zum Gedächtnis. In: Herder-Korrespondenz, 6. Freiburg 1952. S.532–534.

Silvestrelli, Angela: Edith Stein, dall'ateismo alla contemplatione. Appunti di alcune publicazioni tedesche. In: Sapienza, 28. 1975. S.487–493.

—, Edith Stein alla ricerca della Verità. In: Incontri Culturali, 9. 1976. S.257–261.

—, Edith Stein. Testimone della Verita con la parole e con la vita. In: La labore della Carità, 26/3. Roma 1975. S.21–25; und 26/4. 1975. S.23–27.

—, La vita interiore e la sorgente piu profonda e più pura della giogia. In: La labora della Carità, 27/3. 1976.

—, Preghiera e ascesi nella vita di Edith Stein. In: Rivista di Vita Spirituale, 30. 1976. S.351–361.

Simeone de la S. Familia (Tomas): Obras publicadas de Edith Stein. In: Monte Carmelo, 86. Burgos 1978. S.353–363.

—, Edith Stein, Nota bibliografica. In: Rivista di Vita Spirituale, 28. Roma 1974. S.359–370.

Sistig, P.: Edith Stein als Philosophin. In: K.K.F. Sept./ Okt. 1985.

Sladeczek, Franz: Das Verhältnis der Intentionalität zum Gegenstande im Anschluß an Edith Stein als Voraussetzung der Erfassung der objektiven Wahrheit. In: Philosophisches Jahrbuch, 80. 1973. S.320–338.

Spellanzon, G.: L'itinerario di Edith Stein. In: L'Osservatore Romano, 45. 1955. S.3.

Spiegelberg, H.: The Phenomenological Movement. A Historical Introduction. Band I. The Hague 1960. S.223–224.

Stallmach, Josef: Das Werk Edith Steins im Spannungsfeld von Wissen und Glauben. In: Rhein-Pfälzische Schulblätter: Zeitfragen; Beiträge, Berichte, Dokumente. Dezember 1967. S.49–52.

Stein, W.: Edith Stein. Twenty-Five years later. In: Spiritual life. 1967. S.244–251.

Steinmann, Anne-Elisabeth: Edith Stein. In: Carmel Vivant. Paris 1963. S.278–290.

Stertenbrink, Rudolf: 'Was nicht in meinem Plan lag, das hat in Gottes Plan gelegen'. In: In Bildern und Beispielen. Band III. Exemplarische Texte zur Besinnung und Verkündigung. Freiburg 1980. S.210–215.

Strehle, Ana M. OCD: 40. Todestag Edith Steins. In: Informationen hrsg. vom Priesterrat und Diözesanrat Rottenburg-Stuttgart. Nr. 153. Sept. 1982. S.5.

Szell, M.: De la vérité de la conaissance et de la vie (Au point de vue de St. Thomas et Edith Stein). Atti del Congresso Internationalle. Tomasso d'Aquino nell suo settimo centenario (1974). Vo. 6. Napoli 1977. S.568–572.

Teresa of the M. of God OCD: Edith Stein, searcher after truth. In: Spiritual Life. 10/3. 1964. S.139–143.

Teresia Margareta a Corde Jesu OCD: Edith Stein. Eine Heilige? Köln 1953.

Tilliette, Xavier: Le souvenir d'Edith Stein. In: Etudes, 89. Paris 1956. S.3–14.

Totzke, Alfred: Die jüdische Konvertitin Edith Stein und ihre Einstellung zur Religion ihrer Väter. In: Der Rufer, 31. 1963. S.247–249.

——, Kirche und Synagoge, dargestellt in dem Verhältnis Edith Steins zu ihrer Mutter. In: Der Rufer, 31. 1963. S.311–315.

Unverzagt, K.: Edith Stein – Wort und Bild, hrsg. von Paul Mons. Ramstein 1981.

Van Lier: Edith Stein. In: La revue nouvelle, 10. 1954. S.236–243

Van Breda, H.: Edith Stein. Lexikon für Theologie und Kirche. Sp. 1029/1030.

Vanni Rovighi, S.: La figura e l'opera di Edith Stein. In: Studium. Sept./Oct. 1954. S.554–568.

Vesco, Aristide: Edith Stein, 'la sete di verita era la sola mia preghiera' (I convertiti d'oggi). Torino 1959.

Vigone, L.: Intorno a Edith Stein. In: Rivista di filosofia neoscolastica, 50. Milano 1958., S.77–82.

——, Il pensiero filosofico di Edith Stein, Citta nuova. Roma 1973.

Von Balthasar, Hans Urs: Erster Blick auf Adrienne von Speyer. Einsiedeln 1968. S.69–71.

Von Wiese, Inge: Menschen und Taten aus unserer Zeit. Kap. XXI: In der Nachfolge Christi. Edith Stein. Freiburg/Wien 1962 S.159–165.

Vriend (de), Georges: Edith Stein en het gebedsleven. In: Innerlijk leven, 16/6. 1963. S.418–429.

Vriend (de), Georges: Edith Stein. Juive et chrétienne. In: Terese, 45/2. Gand 1963. S.41–47. Fortsetzung: Edith Stein, femme géniale et carmélite, 45/3. 1963. S.83–87.

Wacikar, Alexander: Edith Stein 1891–1942. In: Karmelfreunde, 3. 1982. Heft 4. S.11–13.

––, Hoffnung bei Edith Stein. In: Karmelfreunde, 4. 1983 S.11–12.

Walzer, Raphael: Edith Stein (Aus dem Englischen von Sr. Adelgundis Jaegerschmid). In: Die Schweizerin, 38/6. Einsiedeln 1951. S.184–189.

Wernach, Walter: Von Husserl zum Karmel. In: Wort und Wahrheit 6. Wien 1951. S.557–559.

Wetter, Friedrich: Edith Stein. Zur Wahrheit berufen – vom Kreuz gesegnet. hrsg. vom Pressereferat der Diözese München und Freising. München 1984.

Weinhandl, M.: Brennende Herzen. Lebensbilder großer Christen. Kap. XIIII: Dieser tat der Herr das Herz auf. Edith Stein 1891–1942. Graz/Wien 1949.

Wilkens, M.: Erinnerungen an Edith Stein. In: Katholische Frauenbildung, 63. 1962. 840–847.

Wintzen, R.: Edith Stein. In: Documents. Strasbourg 1954. S.364–375.

Wurm, Friedel: Edith Stein. In: Große Gestalten des Glaubens. Leben, Werke und Wirkung, hrsg. von Bruno Moser. München 1982. S.557–564.

Wust, Peter: Edith Stein. In: Briefe an Freunde, hrsg. von W. Vernekohl, Münster 1955. S.93–99.

Zamora, G.: El mundo epistolar de Edith Stein. In: Naturaleza y Gracia, 16/2. Salamanca 1969. S.273–2934.

Zanghi, G. Tre pensatori cristiani del secolo XX. Etienne Gilson, J. Maritain, Edith Stein. In: Laici e Teologia. 1967. S.75–115.

Zanghi, G.: Edith Stein. In: Donne, carismi e santità. Roma 1968. S.145-153.

DISPUTATIONES THEOLOGICAE

Herausgegeben von Prof. Dr. Hans Jorissen und Prof. Dr. Wilhelm Breuning

Band 1 Stefan Schmitz: Sprache, Sozietät und Geschichte bei Franz Baader. 1975.

Band 2 Kurt-Peter Gertz: Josef Turmel (1859-1943). Ein theologiegeschichtlicher Beitrag zum Problem der Geschichtlichkeit der Dogmen. 1975.

Band 3 Hanspeter Heinz: Der Gott des Je-mehr. Der christologische Ansatz Hans Urs von Balthasars. 1975.

Band 4 Georg Hintzen: Die neuere Diskussion über die eucharistische Wandlung. Darstellung, kritische Würdigung, Weiterführung. 1976.

Band 5 Josef Herberg: Kirchliche Heilsvermittlung. Ein Gespräch zwischen Karl Barth und Karl Rahner. 1978.

Band 6 Lambert Gruber: Transzendental-Philosophie und Theologie bei Johann Gottlieb Fichte und Karl Rahner. 1978.

Band 7 Paul Meisenberg: Heil und Unheil der Menschheit in konkreter Geschichte. Ein systematischer Beitrag zur Neuaussprache der Erbschuldwahrheit in der katholischen Theologie der Gegenwart. 1979.

Band 8 Bernhard Wittschier: Das Zwischen als dialogischer Logos. Die Bedeutung der Anthropologie Martin Bubers für die Pädagogik. 1980.

Band 9 Herbert Bohl: Kommunionempfang der Gläubigen. Probleme seiner Integration in die Eucharistiefeier. Eine liturgiewissenschaftliche Untersuchung. 1980.

Band 10 Karl-Heinz Minz: Pleroma Trinitatis. Die Trinitätstheologie bei Matthias Joseph Scheeben. 1982.

Band 11 Lothar Stresius: Theodor W. Adornos negative Dialektik. Eine kritische Rekonstruktion. 1982.

Band 12 Hans-Willi Winden: Wie kam und wie kommt es zum Osterglauben? Darstellung, Beurteilung und Weiterführung der durch Rudolf Pesch ausgelösten Diskussion. 1982.

Band 13 Wolfgang M. Klein: Christliches Sterben als Gabe und Aufgabe. Ansätze zu einer Theologie des Sterbens. 1983. 2. Auflage 1986.

Band 14 Thomas Ruster: Sakramentales Verstehen. Ein Beitrag zum theologischen Wahrheitsverständnis und zugleich ein Gespräch mit Eugen Biser und Ernst Fuchs. 1983.

Band 15 Michael Böhnke: Konkrete Reflexion. Philosophische und theologische Hermeneutik. Ein Interpretationsversuch über Paul Ricoeur. 1983.

Band 16 Reinhard Hoeps: Bildsinn und religiöse Erfahrung. Hermeneutische Grundlagen für einen Weg der Theologie zum Verständnis gegenstandsloser Malerei. 1983.

Band 17 Andrés Bejas: Edith Stein – Von der Phänomenologie zur Mystik. Eine Biographie der Gnade. 1987.